樂美術館=監修

樂吉左衞門
樂篤人
［著］

［定本］樂歴代

宗慶・尼焼・光悦・道樂・一元を含む

淡交社

[定本]

樂歷代

宗慶・尼焼・光悦・道樂・一元を含む

樂美術館=監修

樂 吉左衞門
樂 篤人
［著］

淡交社

装幀―井上二三夫
撮影―畠山　崇

写真協力
一般財団法人　表千家不審菴
一般財団法人　裏千家今日庵
宮内庁三の丸尚蔵館
文化庁
東京国立博物館
公益財団法人　頴川美術館
公益財団法人　北村美術館
公益財団法人　徳川美術館
公益財団法人　三井記念美術館
公益財団法人　樂美術館
公益財団法人　京都府埋蔵文化財調査研究センター
　　　　　　　　　　　※配列は順不同

| 目 次 |

樂歷代作品
宗慶・尼焼・光悦・道樂・一元を含む
文=樂 篤人
5

総論　樂燒
文=樂 吉左衞門
241

樂歷代の代表的な釉技
238

樂焼の扱い方
300

収録作品一覧
303

公益財団法人　樂美術館
323

公益財団法人　佐川美術館　樂吉左衞門館
326

|本書について|

本書『定本 樂歷代』は樂美術館蔵品のパーマネントカタログとして制作しました。収録作品は、樂美術館所蔵のものを中心に、長次郎など重要文化財指定などの重要作品を加えています。樂美術館所蔵の作品は、単にコレクター個人の趣味による収集品ではなく、430年余にわたって代々樂家に伝えられた歴代作品であり、樂歷代が後世の代のために手本となるようにと伝えてきたもの、まさに樂歷代の学びの糧、樂焼430年余のエッセンスが凝縮していると言えます。

|凡例|
1. 樂歷代作品頁の解説文のうち、一部、樂吉左衛門が執筆し(吉)と記名しています。
2. 樂歷代作品頁に収録の作品の箱書は、すべてを記載するものではありません。
3. 各歴代の年齢は、数え年を基本としています。
4. 収録作品のうち、特に記載のない作品は、すべて樂美術館の所蔵品です。

樂歷代作品
宗慶・尼燒・光悦・道樂・一元を含む

文=樂 篤人

初代 長次郎
ちょうじろう

生年不詳
1574(天正 2 年)　「二彩獅子」腹部に「天正二年春　籠(依)命　長次良造之」の彫銘。
1579(天正 7 年)　『天王寺屋会記』10月17日の条、山上宗二会に「赤色之碗」の記述。
1580(天正 8 年)　『天王寺屋会記』12月9日の条、千宗易会に「ハタノソリタル茶碗」の記述。
1582(天正10年)　『天王寺屋会記』宗及自会記11月22日の条に「赤キ茶碗」の記述。
　　　　　　　　この頃、利休、「待庵」をつくる。
1586(天正14年)　『松屋会記』に「宗易形ノ茶ワン」「今焼茶碗」の記述。
1589(天正17年)　没。
1591(天正19年)　利休自刃。

初代 長次郎

あめやと比丘尼の子。利休の創意を受け、轆轤を一切使わず、手捏ねで成形される焼物・樂焼の創始者。田中宗慶とその子・常慶、宗味とともに樂焼工房を構える。妻は、宗慶の孫娘(宗味の娘)といわれている。長次郎は、利休が大成させた「侘茶」の精神をくみ取り1碗の赤樂茶碗を制作するが、それが樂焼の始まりとなる。樂焼は中国明時代の素三彩釉・焼成技術をルーツとしており、それらは緑、黄、褐色、空色などカラフルな彩釉の焼物であった。長次郎の黒茶碗、赤茶碗はそうした色釉を排し、黒釉一色のモノトーン、あるいは赤土(聚樂土)の土質を強調しており、例えばそこにも利休の「侘茶」の美意識の一端を見ることができる。それは誇張や装飾を極限にまで抑え、「無作為」ともいえる新たな価値基準を打ち出した、当時としてはきわめて思索的、前衛的な茶碗であった。

長次郎が茶碗をつくり始めた時期はさだかではない。天正8年(1580)の茶会記に「ハタノソリタル茶碗」(『天王寺屋会記』)という記載があるが、これは長次郎の赤樂茶碗「道成寺」など、口縁の端反った茶碗ではなかったかと考えられる(林屋晴三)。さらに、天正14年(1586)、茶人・中坊源吾の茶会で「宗易形ノ茶ワン」(『松屋会記』)という記載があるが、この宗易形(利休形)の茶碗こそ長次郎の茶碗であると考えられている。この時期を境に長次郎の茶碗は茶の世界に広く浸透したのではないだろうか。「宗易形ノ茶ワン」という記述はこの1回限りであり、これ以後、「今焼茶碗」や「聚樂焼茶碗」という記述に変わっていく。

長次郎の作品とされるものは茶碗が多く、他に造形的な二彩獅子、香炉、三彩瓜文平鉢などもあるが、その数はきわめて少ない。代表的な長次郎茶碗を見ると、いくつかの造形タイプに分かれる。黒樂茶碗「大黒」や赤樂茶碗「無一物」「太郎坊」に代表される、動きを削ぎ落とした利休形の典型と考えられる部類、黒樂茶碗「俊寛」「面影」のように、左右のバランスを意図的に崩して、全体に動きをつけている部類などに大別できるが、これだけでは納まらない。動きはないが、胴部から口部にかけて四方になっている黒樂茶碗「ムキ栗」や、光悦に似通った雰囲気をもつ赤樂茶碗「道成寺」などもある。しかしながら、長次郎がつくったとされる茶碗には、印や署名がなく、当時、樂焼は家族内での工房制であったため、宗慶や常慶がつくった茶碗も含め「長次郎焼」と考えられる。長次郎茶碗に見られる異なる作行きの広がりは、そのことを物語っているといえる。

長次郎の没年については、文禄元年(1592)9月7日とする説(寛政3年『聚樂焼的傳　啐啄斎』)、天正17年(1589)とする説(元禄元年『宗入文書』)の2説ある。本書としては一応、天正17年説をとっている。

二彩獅子　重要文化財

高さ36.0　長径39.7cm

桃山文化を象徴するかのように力強く、躍動感にあふれ、今にも飛びかかってきそうな生命感を感じる。長次郎の茶碗とは対極にあるような個性の表出である。腹部には「天正二年春　寵(依)命　長次良造之」と力強く釘彫りされている。長次郎の作として最も古い年紀銘をもつ作品であり、利休との出会いも推測される。

また、白化粧、低火度二彩釉など素三彩の技法が使われていることが判明し、樂焼のルーツを物語る重要な作品である。樂家旧蔵。

初代 長次郎

初代 長次郎

黒樂茶碗　銘万代屋黒

内箱蓋表「長次良焼　万代屋黒」文叔宗守筆
内箱蓋裏「利休所持長二郎　黒茶碗万代屋　宗安傳ル依而万代屋黒と云　左（花押）」啐啄斎宗左筆
高さ8.0　口径10.3　高台径4.5cm

過剰なゆがみや装飾を排し、高台からすんなりと立ち上がる姿は「無一物」とも似た趣を感じさせ、まさに「利休形」の典型ともいえる作行きである。「無一物」よりやや口径は小さく、半筒形となっている。特に高台脇から腰部にかけ、わずかな凹凸がまわっているが、これは長次郎の赤樂茶碗の作行きに共通する。赤樂茶碗は黒樂茶碗の制作に先行すると考えられるところから、長次郎の天正年間なかば、比較的早い時代の作と考えてよいのではないだろうか。利休から利休の娘婿・万代屋宗安に伝来したとされている。

黒樂茶碗　銘大黒　重要文化財　個人蔵

内箱蓋裏「大クロ　利休所持　少庵傳　宗旦　後藤少斎ヨリ　宗左へ来(花押)」江岑宗左筆
高さ8.5　口径11.5　高台径4.7cm

利休の思想が集約した利休形の典型的な茶碗。変化や誇張、装飾的な要素を削ぎ落とし、その静寂な姿の中に圧倒的な存在感を感じる。利休所持から、少庵、宗旦へと伝えられ、宗旦から門下の後藤少斎に移り、江岑の時に再び表千家に戻り、その後ふたたび千家から出て鴻池家の蔵となり戦後まで伝来した。「長次郎七種」のうちの1碗。(吉)

黒樂茶碗　銘ムキ栗　文化庁蔵

箱蓋裏「長次郎黒四方茶わん　覚々銘　ムキ栗　添状トモ　宗旦(花押)」啐啄斎宗左筆
高さ8.5　口径12.5　高台径4.9cm

胴部から口部にかけて四方に変形し、高台から腰部分にかけては円形につくられている。この形は同時代の茶碗には珍しく、他に類を見ない。やはりそこには利休の好みが介入しており、「利休四方釜」など、利休が関わる他の器物にも共通した造形が見られる。名品所持で名高い平瀬家に伝来した。「長次郎新撰七種」のうちの1碗。

初代長次郎

黒樂茶碗　銘俊寛　重要文化財
三井記念美術館蔵
内箱貼紙墨書「俊寛」利休筆
内箱蓋表「長二郎　黒茶碗」元伯宗旦筆
内箱蓋裏「利休め八道具二ツ持に介里　一ツシリスリ　一ツ足スリ　茶碗名利休筆　長次郎茶碗宗旦筆　宗室（花押）」仙叟宗室筆
高さ8.1　口径10.7　高台径4.9cm

「大黒」「無一物」とは異なり、胴の一方を締めて他方を張らせ、左右の対称性を崩し動きをつけている。全体に薄く削られ、口部の抱え込みは強く、緩やかな起伏が見られる。見込には茶溜まりが削り出されているのも「俊寛」の特色である。
箱蓋表の「俊寛」と書かれた貼紙墨書は、利休自筆と伝えられている。「俊寛」の銘については、利休が薩摩にいる門人に長次郎茶碗を頼まれて3碗送ると、2碗が戻ってきた。門人は手許に残した1碗に銘をつけてほしいと頼んだところ、利休は、鬼界島に流刑となり1人残された僧・俊寛の故事に因んで名付けたという。室町三井家伝来。

黒樂茶碗　銘面影
内箱蓋表「面影」山田宗徧筆
内箱蓋裏「入立ト打物二存候黒茶碗也　細三ノ所持之鉢ひらきニよく似候由也」石川自安筆
高さ8.1　口径9.9　高台径5.2cm

美濃茶碗にも通じるように腰を低く張らせ、胴には箆（へら）使いを感じさせ、口部にも動きをもたせている。長次郎茶碗の中では「俊寛」同様、変化の多い作振りである。総体にかけられた黒釉はカセた鉄錆のような質感で、ところどころ茶色く釉が浮き出て変化の多い景色となっている。石川自安の書付によると、「長次郎七種」に数えられる今はなき「鉢開」に似ているとされている。樂家に古くから伝来した茶碗としても著名なものである。覚々斎の文が添う。町田秋波・樂家旧蔵。

初代 長次郎

黒樂茶碗　銘禿　不審菴蔵
内箱蓋表「長次良焼　黒茶盌　かぶろ」山田宗徧筆
内箱蓋裏「利休所持　禿　件翁(花押)」啐啄斎宗左筆
高さ9.0　口径9.6　高台径5.3cm
利休が特に好んだと伝えられている半筒の茶碗。腰がふっくらと膨らみ、胴を少しくびらせ、口部にかけややすぼみながら、たたずんでいる。利休所持以後、山田宗徧、坂本周斎と渡り、再び表千家所持となり現代まで同家に伝えられている。表千家では利休の遠忌の時にのみ使用する習わしとなっている。

黒樂筒茶碗　銘杵ヲレ
内箱蓋裏「杵ヲレ　(花押)」元伯宗旦筆
高さ9.8　口径8.1　高台径5.6cm
長次郎の筒茶碗を代表する優品。腰に力感を込め低く張らせ、胴は引き締め、口部はゆるやかな曲線を描いている。全体にかけられた黒釉は、むらむらと現れた茶褐色の色合いにより自然な優しさを感じさせ、また光沢の失せた表情は侘びた趣を深めている。

初代 長次郎

黒樂茶碗　銘勾当
内箱蓋表「黒茶碗」元伯宗旦筆
内箱蓋裏「勾當寿軒公進之　咄々　旦(花押)」元伯宗旦筆
高さ7.8　口径10.9　高台径4.9cm
胴部をわずかに締め、口部を抱え込み緩やかな曲線をつけているところなど、「俊寛」にも似た作行きを感じさせる。高台は、「俊寛」よりわずかに高く立ち上がり、総体にかけられた黒釉は、長次郎特有の落ち着いた、カセた肌合いとなっている。高台まわり、胴の一部に見られる黄茶色の部分は、江戸時代の漆による補修跡である。樂家旧蔵。

黒樂筒茶碗　銘村雨
内箱蓋表「碁笥底　村雨」如心斎宗左筆
内箱蓋裏「長次郎焼　黒　むら雨　左(花押)」如心斎宗左筆
外箱蓋裏「長次郎作　黒筒茶盌　天然筥書附　銘村雨　宗室(花押)」淡々斎宗室筆
高さ8.1　口径9.0　高台径5.0cm
長次郎茶碗としては、やや光沢があり、黒味も強い。黒樂平茶碗「隠岐嶋」に共通する釉調といえる。また高台が碁笥底(ごけぞこ)となっており、このような作行きは長次郎茶碗の中では珍しく、この碗を含めて2碗確認されている。金森得水(表千家10代吸江斎の門人)が「長次郎七種」に因み、新たに選んだとされる長次郎焼茶碗を「長次郎新撰七種」といい、そのうちの1碗。この他に、黒樂茶碗「閑居」「ムキ栗」「風折」、黒樂平茶碗「針屋」、赤樂茶碗「太郎坊」(重要文化財)「二郎坊」がある。

初代 長次郎

黒樂平茶碗　銘隠岐嶋　個人蔵

内箱蓋裏「長次郎黒茶碗　号名　隠岐嶋ト云　左(花押)」
覚々斎宗左筆
高さ6.2　口径14.6　高台径6.7cm

長次郎作とされる平茶碗は少ない。特に口径を大きく広げ腰を低く張った姿を馬盥(ばだらい)形と称し、利休の考案とされているが、今ひとつ定かではない。胴部に篦をまわし胴締めとし、高台脇にも篦跡を残すなど変化に富んでいる。釉調は前出の「村雨」同様柔らかく、光沢を帯び釉がかりが薄いこともあり、胎土の土肌の凹凸がうかがえる。見込は広々として茶溜まりはなく、長年の使用で茶褐色にカセている。

赤樂茶碗　銘道成寺　個人蔵

内箱蓋裏「道成寺　咄々斎(花押)」元伯宗旦筆
外箱蓋裏「長次郎焼　赤茶碗　宗旦銘　道成寺　左(花押)
鐘の音のそれにハあらて道成寺　これそ茶わんの名尓そ聞ゆる」覚々斎宗左筆
高さ8.9　口径14.0　高台径6.0cm

長次郎茶碗の中では異例の姿で、口径を広げながら大きく端反っている。どちらかと言えば、熊川(こもがい)茶碗や玉子手の茶碗などに近い。高台付近が土見せとなって聚樂土がうかがわれ、また見込に見られる釉溜まりは緑がかったガラス質で、他の長次郎茶碗と異なる特徴を示す。長次郎が茶碗づくりを始めた頃の作品、あるいは後期の作とも考えられ、説が分かれるところである。

初代 長次郎

21

赤樂茶碗　銘無一物　重要文化財
頴川美術館蔵
内箱蓋表「無一物　宗室(花押)」仙叟宗室筆
高さ8.6　口径11.2　高台径4.8cm
無作為と作為、その相反する意識を超越し、ただ深い存在感のみを静かに湛えている姿は、長次郎茶碗の中でも右に出るものはない。釉がかりはきわめて薄く、聚樂土の柔らかな土質を手に感じることができる。底部の削りが思いのほか厚く土を残しており、長次郎茶碗の中では比較的初期の作ではないかと推測されている。松平不昧伝来。(吉)

赤樂茶碗　銘太郎坊　重要文化財
今日庵蔵
内箱蓋表「長次郎赤茶碗　宗旦(花押)」元伯宗旦筆
内箱蓋裏「太郎坊」藤村庸軒筆　「利休持分赤茶碗　則箱ノ上書付　宗旦名判有之宗旦所持常秘蔵申候故重而書付調申候　宗室(花押)」仙叟宗室筆
高さ8.1　口径10.6　高台径4.7cm
腰を丸く立ち上げ、胴はわずかに曲線を描き、口は少し内に抱える。典型的な利休形と考えられ、「大黒」や「無一物」「一文字」に共通する姿の長次郎茶碗である。全体にぽってりとした厚作りで、素朴な作振りが感じられ、長次郎茶碗の中では比較的初期の段階に属するものと考えられる。銘の由来は、利休がこの茶碗を愛宕山の太郎坊に贈ったことによると伝えられる。利休から宗旦、さらに藤村庸軒へと伝来し、元禄10年、樂宗入の仲介で鴻池道億に譲られた。(吉)

初代 長次郎

赤樂茶碗　銘一文字　個人蔵
内箱蓋表「利休居士一文字判形有之(印)　茶碗　千宗旦ヨリ来ル」古筆了佐筆
外箱蓋表「長次郎焼　赤茶碗」仙叟宗室筆
外箱蓋裏「利休所持　長次郎焼　赤茶碗　一文字判有　不審菴(花押)　宗守(花押)」随流斎宗佐・真伯宗守筆
高さ8.0　口径11.4　高台径4.9cm
長次郎の赤樂茶碗の中では特に薄く削られ、完成度も高い。一切の無駄を削いだ均整のとれた姿は、まさに利休の思想を表している。釉は長い年月で変化したものの、時代の味わいとなり風格を漂わせる。見込に「一」の文字と花押を利休みずから書き付けている。利休から宗旦、初代古筆了佐と伝わり、近年では井上世外、益田鈍翁と伝世した。

赤樂茶碗　銘白鷺　今日庵蔵
内箱蓋表「白鷺　長次郎焼」仙叟宗室筆
内箱蓋裏「面白やうつすかりなも身につけめは鳥の羽音の立につけても　宗室(花押)」仙叟宗室筆
高さ8.9　口径9.9　高台径4.9cm
腰を張らずに丸く緩やかに立ち上げた手捏ね独特の柔らかな姿で、胴には指跡がそのまま残る。全体に厚作りで、底部も分厚くやや稚拙な趣もある。長次郎茶碗の中では最も初期の作品といえ、素朴な感じが愛らしさを漂わせている。(吉)

初代 長次郎

三彩瓜文平鉢 　東京国立博物館蔵
高さ6.0　径33.0　底径19.4cm
樂焼のルーツを語るうえで重要な作品。この鉢の原点は、明時代、中国南部の素三彩にあると考えられる。特に鮮やかな緑釉を全体にかけ、黄釉を用いて瓜図線刻文を描いているのは素三彩と共通する趣である。周縁部には織豊時代に好まれた絵柄である牡丹と獅子の浮き彫りを施している。（吉）

Image:TNM Image Archives

初代 長次郎

田中宗慶
たなかそうけい

生没年不詳
1576（天正 4 年）　この頃、南猪熊町に住まう（『頂妙寺文書・十六本山会合用書類』）。
1595（文禄 4 年）　「三彩獅子香炉」に、「とし六十　田中　天下一宗慶（花押）　文禄四年九月吉日」の刻銘。
　　　　　　　　長谷川等伯筆「千利休画像」に、春屋宗園が宗慶に請われて着賛。

田中宗慶

宗慶は、樂家2代吉左衞門・常慶と庄左衞門・宗味（そうみ）の父で、長次郎の妻の祖父にあたり、樂家血脈上、直系の祖先である。長次郎とともに樂焼の工房を営み、長次郎没後は、総師（そうすい）として工房を統率していたと考えられる。

生没年は、はっきりとわかってはいないが、宗慶作「三彩獅子香炉」の腹部には「とし六十　田中　天下一宗慶（花押）　文禄四年九月吉日」と篦（へら）彫りされており、そこから宗慶は田中姓で、文禄4年（1595）に60歳であったこと、また天下一の称号を許されていたことがうかがえる。

同じく文禄4年の年号で、宗慶が残した重要な作品がある。長谷川等伯筆「千利休画像」（不審菴蔵）であるが、そこに記された春屋宗園（しゅんおくそうえん）の賛の末尾に「利休居士肖像常随信男宗慶照之請賛」とあり、春屋が宗慶に請われて賛をしたことや、宗慶が常に利休の側にいた人物であり、利休と非常に近い関係であったことが読み取れる。

しかしながら、樂家の重要な人物であったにもかかわらず、宗慶は樂歴代には数えられておらず、その息子・宗味の一族も樂家の系図から抹消されている。これには、秀吉と利休の確執の末に起きた利休自害による経緯か、もしくは利休死後、秀吉から家康の時代へと変わり、秀吉色の強い人物や一族の長が、家の存続を守るためにあえて退いたのではないかと考えられる。時を同じくして、利休の一族もまた、直系の子・道安は後継者をもたず、利休の妻の連れ子である少庵が千家を継承していく。

宗慶作と特定される茶碗の数は少ない。基本的には長次郎同様、利休形の黒茶碗をつくるが、長次郎と異なり動きのある織部風な沓形（くつがた）の茶碗もあり、それらは高台が土見せになっている。長次郎の茶碗に印は捺されていないが、宗慶作とされる茶碗の高台内には、「宗慶印」と称される樂印が捺されている。この印は『宗入文書』をはじめ文書資料の中にしばしば語られている、太閤秀吉からの拝領印ではないかと推察することもできる。長次郎、常慶と同じ樂焼工房で制作していたことから、作行きの近いものや印がないものは、その作者を特定することはむずかしい。

代表作として、三彩獅子香炉、黒樂茶碗「天狗」「いさらい」「初雪」、香炉釉阿古陀形菊文水指などがある。

三彩獅子香炉 個人蔵
高さ26.9　長径23.5cm
腹部に「とし六十　田中　天下一宗慶(花押)　文禄四年九月吉日」と篦彫りされており、樂家の歴史を読み解くうえでも重要な作品。しっかりと太い脚で立つ姿は力強く、総体には味わい深い三彩釉がかけられている。頭部は欠損しており、7代長入が補修した。この箱書に表千家7代如心斎が「二代目造　獅子香炉」と、宗慶を樂家2代と記している点も興味深い。

田中宗慶

黒樂茶碗　銘天狗 不審菴蔵
内箱蓋表「黒茶碗　天狗　残月主　不審」元伯宗旦筆
高さ8.7　口径11.5　高台径5.7cm

全体にゆがみをもたせ口部に段をつけている姿は、明らかに織部茶碗に通じる。底部は赤い聚樂土が見える土見せとなっており、高台内に樂印(宗慶印)が捺されている。長次郎茶碗には見られなかったこれらの表現は、利休、長次郎没後、文禄・慶長期の新たな好みを表している。いち早く時代の好み・感性を吸収し表現する姿勢は、樂歴代にとって先駆的な意味合いがあるといえる。

黒樂茶碗　銘いさらい
内箱蓋裏「長二良焼　いさら井　左(花押)」如心斎宗左筆
外箱蓋裏「長二郎焼黒茶碗　覚々箱書付　銘いさら井　如心添状発句アリ　了々斎(花押)」了々斎宗左筆
高さ9.0　口径9.9　高台径5.1cm

「いさらい」は「水の少ない井」「ちょっとした湧き水」の意で、名水井戸の名でもある。宗慶茶碗の典型とされる茶碗で、姿は半筒形のいわゆる利休形、胴部にうっすらと横篦がうかがえる他には目立った作為は見られない。高台内に宗慶印が捺されている。内箱に如心斎の書付で「長二郎焼　いさら井」とあり、ここからも樂家草創期の歴史的な背景を読むことができる。

田中宗慶

黒樂茶碗　銘初雪 個人蔵

内箱蓋裏「長次郎　黒　茶碗　銘　初雪　左(花押)」覚々斎宗左筆
高さ8.7　口径10.3　高台径5.7cm

総体に滑らかなカセ釉がかけられ、やや茶色味を帯びているが、これは窯の上がりによるものであろう。胴部を締めてわずかに腰の張りの強さを強調している。動きがあるものの全体の姿は静かな趣で、利休形を基本にしながら制作したことがうかがえる。やや大振りな高台内に印が捺されている。

香炉釉阿古陀形菊文水指

高さ16.3　口径17.3　胴径20.4cm

堂々とした阿古陀形で、黄土によって菊の文様が中央に描かれている。全体にかけられた白釉は常慶も好んだ香炉釉。底部に宗慶印が捺されている。この水指には、桃山から江戸初期の華やかさを感じることができる。
長次郎作とされる水指もあるようではあるが、作行きが不確かである。したがって本作が樂焼の中で最も古い水指といえる。

田中宗慶

尼焼
あまやき

5代宗入が記した覚書『宗入文書』の系図によると「一、あめや 二、比丘尼 三、長次郎 四、庄左衞門」と続いており、他の資料と照らし合わせても、あめやと比丘尼は、長次郎の親であることがわかる。このあめやの妻、長次郎の母・比丘尼がつくったとされる焼物を尼焼という。

また他説では、この比丘尼の子・長次郎の妻が夫の死後、みずからも制作したと考えられる。

このように、尼焼にはさまざまな定義があり、決定的な判断が下せないのが現状である。

古樂時代の尼焼の伝世数はきわめて少なく、また作行きも一定しない。

さらに、のちの樂家代々の妻などの女性が制作した作品を意味することもある。

当代15代吉左衞門の母で、覚入の妻の和子(法名は妙和)も晩年、尼焼として作品を残している。

尼焼

黒樂茶碗

内箱蓋表「尼焼茶碗　宗旦箱書付　(花押)」文叔宗守筆
内箱蓋裏「あまやき　茶わん　(花押)」元伯宗旦筆
高さ9.2　口径10.7　高台径5.5cm

薄墨でいかにも宗旦らしい書付の箱におさまっている。作行きは半筒形、高台は輪高台で、長次郎や常慶の高台とは異なっている。黒釉はやや光沢があり、一面が大きくカセ肌となっている。

これらの作行き、土味、釉調から判断して、道入以前の古樂の作品と考えられるが、作者の特定はむずかしい。ただ、宗旦が「あまやき」と記していることに「尼焼」としての信憑性が感じられる。

2代 常慶 じょうけい

生年不詳
1576(天正4年) この頃、中筋町に住まう(『頂妙寺文書・十六本山会合用書類』)。
1589(天正17年) 長次郎没　この頃、常慶30歳前後か。
1591(天正19年) 利休自刃。
1592(文禄元年) この頃、「天下一ちゃわんや吉左衛門」と称される。
1593(文禄2年) この頃には、常慶が樂家の家督を相続、吉左衛門を名乗っている。千少庵が預けられていた会津に下向したのもこの頃か。
1595(文禄4年) 少庵、会津より帰洛し、本法寺門前に屋敷を構え、千家の再興をはかる。
1615(元和元年) 本阿弥光悦が徳川家康より京都洛北、鷹ヶ峯の地を拝領。常慶の指導により、光悦が手遊びの樂茶碗を制作し始める。
1624(寛永元年) 寛永年間の初め頃に江戸へ下向、徳川家への出入りを許される。
1635(寛永12年) 没。享年75歳とも。

2代 常慶

田中宗慶の子として生まれ、兄弟に庄左衛門・宗味がいる。長次郎、宗慶、宗味とともに樂焼工房を構え、本阿弥光悦にも樂焼を教える。常慶の活躍は長次郎没後と考えられており、現在まで続く樂家の基盤を確立した。

しかし、現在でこそ常慶は樂家2代となっているが、それは、1736年に出版された『樂焼秘嚢』以後のことで、それ以前に樂家5代宗入によって記された『宗入文書』によると、「一、あめや　二、比丘尼　三、長次郎　四、庄左衛門　五、吉左衛門」とある。それぞれの名前の右上に数字が記載されており、それを代数と考えるならば、常慶は5代目になっている。その中の過去帳と考えられる「覚」には、宗慶や長祐(長次郎の倅とする説がある)、宗味の名前の後に常慶の名が記されている。今となっては、確かなことは断定できないが、その歴史の解釈は、利休の自死、豊臣から徳川への政権移行の激動など、さまざまな世情により変動してきたようである。

利休と長次郎や田中宗慶の間にあった親密な関係は、利休没後も深く繋がっていた。利休切腹ののち、利休の子・少庵が会津に預かりの身となるが、許されており、会津まで迎えに行ったとされるのは常慶であった。この後、少庵は千家を復興して現在への礎を築き、常慶は樂家の基盤を確かなものとした。さらに、常慶は本阿弥光悦の取りなしにより、徳川家に出入りをゆるされ、秀忠から樂の字を戴き印とし、新たな時代に向かって確実な歴史を歩み始める。以後、樂家当主が代々常慶の名前である「吉左衛門」名を継いでいくのも、そうした事情による。

常慶は、利休の創意が込められた長次郎茶碗を踏まえつつ、みずからの新しい方向性も打ち出している。その頃の茶の湯の世界では、利休七哲の1人、古田織部が活躍しており、利休がもつ精神とは対照的な、大胆なゆがみや装飾性など、多彩な造形表現に価値を見出していた。常慶はいち早く時代を先取りし、織部茶碗に共通する、沓形にゆがんだ樂茶碗を制作している。また、長次郎茶碗を踏まえた作風にも時代の特色を強く表し、胴を締め、腰部を強く張り出す、動きの強い表現を加えている。これらは、長次郎にはない造形であることはいうまでもない。また、香炉に好んで使った香炉釉と呼ばれる白釉も新たに生み出した。黒釉は、長次郎に似たカセ釉であるが、なめらかなマット質を特色としている。高台周辺を土見せにした茶碗も多く、高台内には長次郎には見られる兜巾がない。

代表作は、黒樂茶碗「黒木」、香炉釉井戸形茶碗、香炉釉獅子香炉など。

黒樂茶碗　銘黒木
内箱蓋裏「二代目黒　茶碗　宗左(花押)　銘黒木ト云」如心斎宗左筆
高さ7.8　口径15.8　高台径6.1cm
長次郎茶碗には見られない造形で、織部茶碗を倣ったものと思われる。大振りで杏形にゆがみ、胴部には意識的に段がつくられ、見込の茶溜まりも大きい。釉は、きめ細かい常慶の黒カセ釉で、高台は土見せで赤茶色の聚樂土が見られる。樂家旧蔵。

黒樂茶碗　銘不是　個人蔵
内箱蓋表「二代目黒」仙叟宗室筆
内箱蓋裏「不是　室(花押)」仙叟宗室筆
高さ8.5　口径10.3　高台径6.4cm
常慶茶碗の中に見られる長次郎様式の典型的な茶碗といえよう。しかし、腰を張り、胴を強く締め、口部の抱え込みは強く、しかもうねるような起伏がつけられているなど、これらの強い動きをともなう表現は長次郎には見られないものである。常慶らしい大振りで力強い高台が削り出され、高台内は平らである。常慶の印は捺されていない。

2代常慶

41

黒樂平茶碗
内箱蓋裏「常慶造　黒平茶碗　十代旦入證(印)」旦入筆
高さ7.4　口径15.5　高台径5.9cm
杏形に大きくゆがみ、織部茶碗を感じさせる平茶碗。なめらかな黒釉がかけられ、大きくゆがんではいるが、織部茶碗ほど暴れておらず、樂茶碗の風格をしっかりもっている。長次郎に留まらない、常慶の作家としての、攻めの姿勢を感じさせる。樂家旧蔵。

黒樂筒茶碗　銘長袴 個人蔵
内箱蓋裏「咄々斎　長袴」元伯宗旦筆
高さ10.2　口径9.0　高台径5.2cm
長袴と銘されたその姿に、その名の通りの印象を抱く。腰を低く構え、胴を轆轤(ろくろ)跡のような篦(へら)削りを残しながらわずかにゆがませて立ち上げている。それらの横篦が、縦に微妙な揺らぎを見せ、あたかも長い袴の趣である。見込には大きく茶溜まりをもうけ、高台内も他の常慶茶碗同様、兜巾をつくらず平たく削っている。

2代常慶

43

菊之絵赤樂茶碗
内箱蓋裏「二代目吉左衞門作　菊之絵赤茶碗印有　九代喜全(印)」了入筆
高さ8.2　口径13.3　高台径6.1cm
すんなりと丸みをもたせた碗形で、口の一部が微かに端反っている。光悦茶碗に共通する趣も感じられ、光悦に樂焼の手ほどきをした常慶の茶碗として興味深い。赤土の上に白化粧で菊の文様が描かれており、高台内には常慶の印が捺されている。江戸初期の華やかな時代の気分を感じさせ、長次郎にとらわれず、時代の中で表現する常慶の意識がうかがえる。

香炉釉井戸形茶碗
高さ8.2　口径13.0　高台径4.9cm
常慶が好んだ白い香炉釉に井戸茶碗の作行きを合わせた茶碗。これは轆轤ではなく、手捏ねで成形されており、部分的に轆轤跡のように箆跡を残している。長い年月を重ね、白釉の貫入(かんにゅう)は色味を増し、茶褐色の土見せの表情に時代を感じさせる。樂家旧蔵。

2代 常慶

赤樂井戸形茶碗

内箱蓋裏「常慶造　赤茶碗　十代旦入證(印)」旦入筆
高さ8.2　口径13.0　高台径4.9cm

香炉釉井戸形茶碗と同じく、井戸茶碗の作行きを赤樂の技法でつくったもので、作行きは同じである。このような井戸形樂茶碗は、樂家の伝えによると二条城内で用いるべく数茶碗として制作されたという。香炉釉井戸形茶碗は他にも数碗伝世しているが、赤樂茶碗での井戸形は珍しい。樂家旧蔵。

香炉釉阿古陀形香炉

高さ8.5　口径6.7　高台径5.1cm

阿古陀形は瓜の形を模したものである。本作と同じ作振りの阿古陀形の香炉が東京芝・増上寺の徳川秀忠の墓所の中、秀忠の遺骸の前の板輿の横下縁から発見された。このことにより常慶の徳川家出入りが立証される。底部に捺された樂印は秀忠からの拝領と考えられている。樂家旧蔵。

香炉釉獅子香炉

高さ13.0　長径12.3cm

力強い頭部に丸々した体が愛らしく、白い香炉釉との響き合いも良い趣になっている。時代が江戸に移り、書院広間の茶が流行ったことにより、香炉の需要が増したのか、常慶は香炉を多くつくっている。それらの香炉に白釉を用いたことにより、のちにこの白釉を「香炉釉」と一般に称するようになった。樂家旧蔵。

2代 常慶

本阿弥光悦

ほんあみこうえつ

1558(永禄元年)—1637(寛永14年)

本阿弥光二の子として生まれる。本阿弥家は刀剣の鑑定や研磨を生業にしていた家であるが、光悦は「寛永の三筆」に数えられるほどの書の腕前で、他にも陶芸、蒔絵など多くの分野でその才能を発揮していく。琳派様式の創始者・立役者でもある。樂家玄関に掛かる暖簾(のれん)の「樂焼御ちゃわん屋」の文字は光悦の筆と伝えられる。

元和元年(1615)、徳川家康より洛北の鷹ヶ峯に土地を拝領し、そこに法華信仰を中心にした集落「光悦村」を興し、みずからも数寄の遊楽・制作を楽しんだ。光悦の作陶はいつ頃始められたのかわからないが、樂家2代常慶とその子・道入の指導、協力を得て、樂焼茶碗を制作した。樂家と本阿弥家は法華、日蓮宗の宗門であり、本阿弥家の居宅も樂家のある油小路通を500メートル余り北に上がったところである。信仰を同じくして両家は親しい関係を結んでいたようである。樂家には常慶に宛てられた光悦の文が2通と、他に樂家と徳川家、加賀前田家との繋がりを示す光悦文が2通伝わっている。その中で直接光悦の作陶に関わる文は「茶碗4碗ほどをつくるための白土と赤土を急いで届けてほしい」「この茶碗の釉がけを頼みます」などと書かれた、樂家への依頼書である。

また、当時の歴史を振り返れば、樂家が今日まで代々続いているのは、千家を中心とした茶家との関わりはもちろんのこと、この光悦の存在が大きい。それは、徳川時代を迎え、新たな対応を迫られる樂家に対して、徳川家や前田家など将軍家や有力大名との関係を取りもつ手助け、斡旋(あっせん)の役割を光悦が進んで行っているからである。樂家所蔵の2通の光悦文、前田家家臣に宛てた「樂家小袖拝領の文」、徳川将軍秀忠家臣・曾我又左衛門宛の文などにその間の事情が具体的に述べられている。

さらに、光悦の作陶が樂家歴代に与えた精神的影響の大きさはいうまでもない。光悦の樂茶碗は手遊(てすさ)びから始まったものであるが、その造形は、利休の理念を追求した長次郎の樂茶碗とは異なり、個人の自己表現に挑む芸術家の自由な表現と気迫があった。そこに起因する光悦の作陶精神に、道入や、のちの樂家歴代たちは触発さ

本阿弥光悦

れ、伝統とともに自己と向き合う作陶をしたのではないだろうか。

光悦茶碗は、国宝「不二山(ふじさん)」(サンリツ服部美術館蔵)をはじめ、重要文化財「乙御前(おとごぜ)」(個人蔵)、「時雨(しぐれ)」(岐阜県立美術館蔵)、「雨雲」(三井記念美術館蔵)、「加賀光悦」(相国寺承天閣美術館蔵)、他に黒樂茶碗「七里(しちり)」(根津美術館蔵)、「村雲」(樂美術館蔵)、赤樂茶碗「毘沙門堂」(個人蔵)、「弁財天」(個人蔵)、飴釉茶碗「紙屋」(個人蔵)、「立峯」(樂美術館蔵)、白樂茶碗「冠雪(かんせつ)」(樂美術館蔵)など、数々の優作が世に伝来している。造形も樂家の様式に近いものから、個性的な光悦ならではの造形まで幅広く、釉調は常慶、道入に依頼したことから両者に通じるものが多い。特に黒樂茶碗の釉調は常慶、道入の釉調と同じ釉質であると認められるところから、釉がけ依頼の光悦文の示す通り、樂家の窯において焼かれたものであろう。赤樂茶碗に関しては、樂家の釉調とは異なるものがあり、晩年は、道入などの助けを借りて鷹ヶ峯でも窯を築いて焼いていたのではないかと推察される。

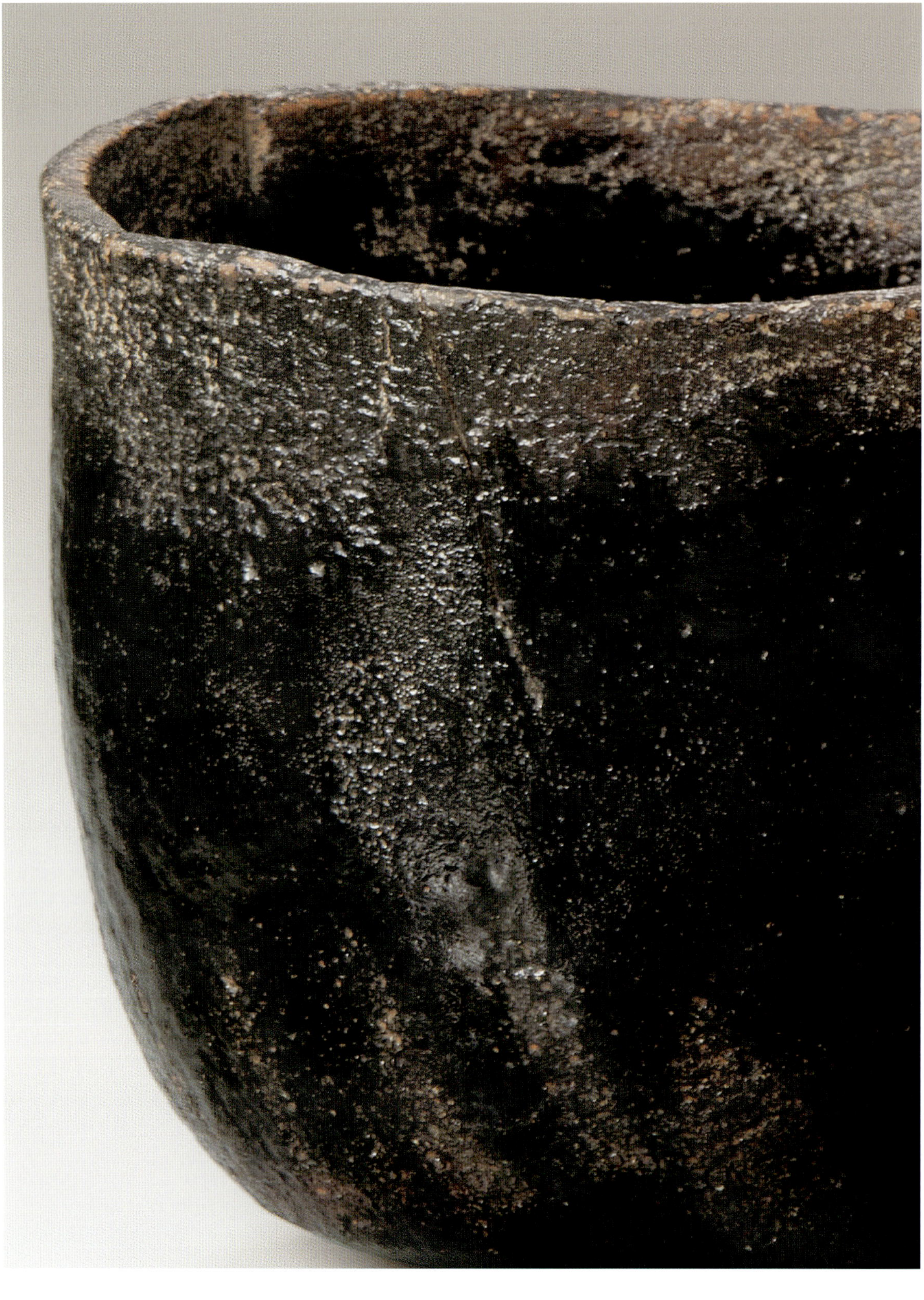

本阿弥光悦

黒樂茶碗　銘村雲
内箱蓋表「光悦　村雲」
高さ9.5　口径12.8　高台径4.0cm

口部は、光悦特有の反り返りが見られ、口は篦(へら)によってすっぱりと切り放たれ、緊張感を漂わせている。重要文化財の「雨雲」などに通じる作行きであるが、それと比べると温和で、柔らかに腰を丸め立ち上がらせている。高台は小振りで、高台脇から少し埋まるような形に削り出されている。釉薬は道入に頼んだのであろうか、道入作品と似た釉が使われているが、口辺と胴部腰あたりに、あえて黒釉をかけはずして胎土を見せた部分をつくっている。緊張感をはらみ、ぎりぎりまで造形を追い求めてゆく光悦の意識を強く感じさせる作品となっている。

白樂筒茶碗　銘冠雪
内箱蓋表「光悦」
内箱蓋裏「冠雪」
高さ8.8　口径12.0　高台径5.6cm

本阿弥家の生業が刀の研磨や目利きであったように、光悦の作品は、まるで鋭く研ぎ澄まされた刀のようである。そこには刀であろうが、陶芸であろうが、造形の本質とその表現において共有する一つの鋭い視線があるからではないだろうか。腰から鋭角に立ち上がる姿、胴部の張りと口部の切り放たれた緊張感は光悦独特の美しさである。胎土は白土、釉は薄緑を感じさせる透明釉であるが、道入の作品に同じ釉が見られる。光悦から樂家への文にもあるように、道入が釉がけし、樂家の窯で焼かれたものと考えられる。近年紹介された作品。益田鈍翁所持で、鈍翁の手紙が添っている。

赤樂茶碗　銘立峯　追銘五月雨
内箱蓋表「光悦　立峯」高原杓庵筆
外箱蓋表「光悦　千覚々斎箱　元銘　熟柿」貼紙墨書　松永耳庵筆
外箱蓋裏「追銘　五月雨　耳庵九十三（印）」松永耳庵筆
高さ7.1　口径11.6　高台径3.8cm

「乙御前」の形を彷彿させる胴の丸みから口の反り返し、さらに腰部にめり込むようにつくられた高台など光悦らしさを感じさせる作品である。光悦はよく似た形の作品をいくつか残している。例えば、「立峯」と「乙御前」、「園城」とそっくりな無銘の1碗、「七里」とそっくりな無銘の1碗などがあげられる。光悦は理想の形を追求すべく何度も同様の形を制作し追求しているのであろう。

本作の書付には松永耳庵が、元の箱の銘は「熟柿」であったと記載している。元箱が戦災で失われたため、高原杓庵が当時の持主の希望も叶え「立峯」の銘を書き付けた。のちに93歳の耳庵が追銘を書き付けている。杓庵の絵・句入りの手紙が添っている。

本阿弥光悦

53

# 3代 道入
どうにゅう

1599（慶長4年）	常慶の長男として生まれる。
1635（寛永12年）	父・常慶没。このとき道入37歳。
1637（寛永14年）	本阿弥光悦没。
1642（寛永19年）	江岑宗左、紀州徳川家へ出仕。
1649（慶安2年）	『松屋会記』4月5日の条、宗旦の茶会に「シユ樂茶ワン、今、油小路ニテニセテ今焼キ候由」の記載あり。この頃、紀州へ下向す（『宗旦文書』）。
1656（明暦2年）	没。享年58歳。法名道入。

3代 道入

2代常慶の長男として生まれる。別名「吉兵衞」、「吉左衞門」を名乗っていることもある。通称「ノンコウ」で有名。弟に道樂がいる。作陶を始めた時期は、はっきりとはわかっていないが、父・常慶とともに作陶に励んだ期間も十分にあったと考えられ、また本阿弥光悦から学ぶところも多かったと推量される。道入は、利休の創意のもとにつくられた長次郎茶碗を踏まえつつ、みずからの個性を茶碗に込め、江戸時代前期という時代の流れもくみ取り、樂焼の新たな展開を提示した。個性にのっとる、いわば芸術としての作陶へと道入を導いたのは光悦であったろう。

光悦の養子・光瑳(こうさ)や孫・光甫(こうほ)らによってまとめられた『本阿弥行状記』には、「今の吉兵衞は至て樂の妙手なり　我等は吉兵衞に薬等の伝も譲り得て　慰に焼く事なり　後代吉兵衞が作は重宝すべし」とある。聞き書きではあるが、光悦の道入に対する評価の一端がうかがえる。光悦との親交は深く、光悦茶碗の中でも特に黒樂茶碗は道入・常慶によって焼かれたものである。のちに道入は、樂家歴代一の名工ともいわれている。しかしこの時代、封建君主の御用窯ではない樂家は、道入をもってしても財政は厳しく、「しかれども当代は先代より不如意の様子也」と、貧窮していた様子が記されている。

道入茶碗と長次郎茶碗を比べてみると、その作意性の違いがはっきりわかる。まず、長次郎茶碗がカセた黒一色なのに対し、道入茶碗は光沢があり、装飾が施されているものが多い。寸法も大振りで、胎土は驚くほど薄く削られ、長次郎が内的で重厚な存在感を表しているのに対し、道入は軽やかな開放感を感じさせる。装飾も多様で、調合の異なる黒釉を重ねがけし、幕が垂れたように表情を変化させる「幕釉(まくぐすり)」、黒釉の一部の釉をかけはずし、そこに黄釉をかける「黄ハゲ」、銅成分の変化によって黒釉に朱色がムラムラと出る「朱釉(しゅぐすり)」、幕釉の垂れた釉端に白釉が混ざり合う「蛇蝎釉(じゃかつぐすり)」、赤樂の透明釉に鉄分を加えて茶色に発色させる「飴釉(あめぐすり)」など、さまざまな釉薬を使い新たな表現を生み出している。まさに内省的な長次郎茶碗から斬新でモダンな方向に舵(かじ)を切ったことで、道入の革新性が現代においても高く評価されるのである。

代表作には、ノンコウ七種と呼ばれる茶碗「升」「千鳥」「稲妻」「鵺(ぬえ)」「獅子」「鳳林」「若山」や、ノンコウ加賀七種「青山」「桔梗」「霞」「香具山」「今枝」「善福寺」「此花」がある。

黒樂茶碗　銘木下
内箱蓋裏「ノンカウ作　黒茶碗　木下　（花押）」啐啄斎宗左筆
高さ9.2　口径11.6　高台径5.6cm
道入らしくおおらかな丸みをつけて立ち上げ、張り出すような曲線には凛とした緊張感が感じられる。口造りは蛤端（はまぐりば）と呼ばれる形状で、貝を合わせたように薄く削り、全体の削りも薄く、見込は広々と豊かさを感じさせる。艶やかな幕釉が口縁から緩やかに波打つように流れ、穏やかな釉景色をつくっている。道入としてはおとなしい作行きであるが、その中に品格と強さを感じさせる1碗である。樂家旧蔵。

黒樂茶碗　銘残雪
内箱蓋表「ノンカウ(賀嶋屋広岡家蔵印)」
内箱蓋裏「ノンカウ　黒茶碗　残雪卜云　好雪軒」了々斎宗左筆
高さ8.0　口径13.0　高台径4.9cm
何重にも厚く塗り重ねられた幕釉が白い蛇蝎釉と合わさりながら溶け流れ、そこから生まれた黒と白の景色は、この銘とともに記憶に刻まれる。背丈は少し低めで口径はかなり広く、長次郎などの古樂茶碗とは異なる造形となっている。高台内には朱漆で了々斎の花押がある。

3代道人

黒樂茶碗　銘青山 加賀七種之内
内箱蓋表「青山」(金泥字)
高さ8.7　口径11.5　高台径5.5cm
胴部の黒釉を円形にかけはずし、そこにかけられた黄ハゲ釉が鮮やかにモダンな景色となっている。ノンコウ茶碗の中でも最も斬新な意匠性を見せる代表作の1つ。長次郎・古樂には見られない道入の革新的な美意識を印象付けている。加賀前田家の家老・青山将監の所持により「青山」と銘され、その後、薬種商の龍雪軒・亀田伊右衛門、吉倉惣左など金沢の名門の所蔵となり、「ノンコウ加賀七種」に選定されている。

笹之絵黒樂茶碗
内箱蓋裏「ノンカウ黒　四方　了入副状　(印)十代吉左衛門(花押)」旦入筆
高さ8.3　口径10.8　高台径5.3cm
形は撫(なで)四方形と面白く、胴部には笹の葉のような抽象文が白釉でモダンに描かれている。「青山」でもうかがえるように、道入の斬新な意匠は何かをあらわす特定の具象表現ではなく、抽象的な表現である。「笹之絵」とされるのは後世の命名であろう。釉は、道入の光沢ある釉とは異なり、柚肌(ゆずはだ)状でわずかにマット質となっている。京都・福井家伝来。

3代道人

黒樂平茶碗　銘燕児
内箱蓋裏「のんかう黒茶碗　燕児　号　左(花押)」覚々斎宗左筆
高さ6.0　口径13.7　高台径5.2cm
背の低い典型的な馬盥(ばたらい)形の平茶碗に、絶妙の釉景色が現れている。漆黒の下釉の上から、厚くかけられた幕釉が蛇蝎釉を押し流しながら胴部まで溶け流れている。2種の艶やかな黒釉と蛇蝎釉の調和は見事である。樂家に伝わる道入平茶碗の名碗。樂家旧蔵。

赤樂茶碗　銘鵺　ノンコウ七種之内
三井記念美術館蔵
内箱蓋表「鵺」
内箱蓋裏「のんかうあか茶碗　号名　鵺ト云　左(花押)」覚々斎宗左筆
高さ9.0　口径12.2　高台径5.9cm
「鵺(ぬえ)」とは得体の知れぬ伝説上の怪鳥で、能の演目にもなっている。この異形な釉景色に「鵺」という銘が重なり、見る者を取り込まんとする。その姿は大振りで、見込も広く堂々とした風格を感じさせる。鮮やかで複雑な赤色の色調の中、胴部に黒い釉が見られるが、筆で刷毛目状につけたもの。不可解ともいえる斬新な意匠性に人々は引きつけられてきた。久田宗全の所持、その後名品所持で名高い舟木家などをめぐり、さらに表千家から三井家へと譲り渡された。

3代道人

赤樂筒茶碗　銘山人

内箱蓋裏「ノンカウ赤　茶碗　銘　山人　一（花押）」一燈宗室筆
高さ11.5　口径9.2　高台径4.9cm

天に向かうかのごとく、その姿は高く伸びている。他の筒茶碗と比べても、破格の風貌である。高台内に道入の小印が捺されているが、伝承によれば小印は若い時代に使用したといわれている。その信憑性はともかく、この破格な姿の筒茶碗などからも、道入が踏み込んだ挑戦的な精神を感じることができるのではないだろうか。樂家旧蔵。

赤樂茶碗　銘僧正

内箱蓋表　了入極書付
内箱蓋裏「ノンカウ赤茶碗　僧正ト云　左（花押）」了々斎宗左筆
高さ8.5　口径11.5　高台径5.3cm

この赤樂茶碗の高台内にも、道入の小印が捺されている。胴部は三角形の姿にゆがめて、明るい緋色の地に白土で描かれた色紙文様が可愛く映える。さまざまな新しい試みの中に、どこか初々しい清々しさを感じさせる1碗。父・常慶の頃より白化粧の技法を使っていたが、道入はそれを自分のものとし、さらに発展させた。

3代道人

赤樂筒茶碗　銘破れノンカウ

内箱蓋表「のんかう作　赤筒茶わん　如心斎書付　啄(花押)」啐啄斎宗左筆
内箱蓋裏「のんかう赤　筒茶碗　左(花押)」如心斎宗左筆
外箱蓋裏「ノンカウ　赤筒茶碗　如心啐啄箱書付　左(花押)」碌々斎宗左筆
高さ9.9　口径9.6　高台径5.4cm

道入は薄作りを特色とするが、この茶碗はその中でも驚くほどの薄作りで、さらに胴部には縦に箆目(へらめ)が入っている。その造形からの着想でこの銘がつけられたのだろう。全体に化粧黄土が刷毛目状に粗く塗られ、透明釉がかけられているが、かなり温度が上がり還元気味の焼成となったようで、濃い赤や黄色を帯びた色がかすれながら渋い釉景色となっている。

赤樂葵御紋茶入

高さ3.6　口径6.2　胴径7.6cm

手捏ねでつくられ、箆で削られた器胎はきわめて薄作りで、均整のとれた姿をしている。黄土による化粧に、胴中央部に徳川家の葵御紋が白化粧で描かれている。道入作で葵の御紋の描かれた茶碗が表千家に伝世しているが、それは江岑宗左が紀州徳川家初代・頼宣侯に初めてお茶を差し上げた茶碗である。おそらくこの茶入もその折に用いられたものであろう。こちらは樂家に伝来した。樂家旧蔵。

3代
道人

二彩鶴首花入
内箱蓋裏「ノンカウ造　花入　青銅うつし　希代の珍器也（花押）」
高さ26.2　胴径11.5　底径6.7cm
緑釉と黄釉の二彩で釉がけされており、それは樂焼のルーツでもある中国の素三彩の流れを汲んでいる。下部のふくらみからすんなりと伸びた鶴首の抽象的な姿が美しく、むらむらした釉景色はモダンさを感じさせ、道入の卓越したデザイン感覚がうかがえる。名品所持で名高い赤星家に伝わり、のちに樂家に蔵された。樂家旧蔵。

3代道人

赤樂兎香合
高さ4.2　長径7.2cm
兎といわれれば兎だが、きりっとした趣の顔は猿、人面にも見え面白い。耳は特に大きくつくられ、鋭い篦によって強調されている。道入の時代には、こうした兎をモチーフにした意匠も多い。樂家旧蔵。

飴釉葛屋香合
内箱蓋裏「のんかう　くす屋　香合（花押）」啐啄斎宗左筆
高さ4.5　長径5.9cm
細部に至る写実性がうかがえ、しかもほのぼのとした素朴な味わいが感じられる。道入の技巧のほどがうかがえる香合。屋根の部分を飴釉、身の部分は黄土を塗り透明釉をかけている。底には道入の樂印。樂家旧蔵。

白釉ぐり香合　個人蔵
高さ4.9　長径6.0cm
唐物倶利（ぐり）香合を模してつくられた、四方形の香合。全体に薄作りにもかかわらず、しっかりと深く彫り込まれた倶利文様からは高い完成度を見ることができ、道入の技巧の高さや造形センスを感じる。古い伝統様式にもかかわらずモダンな趣がある。底には道入の樂印。

3代道人

緑釉割山椒向付 北村美術館蔵
高さ8.8　口径11.5cm
山椒の実がはじけた姿を模してつくられた向付は唐津焼はじめ他の国焼にも見られるが、道入の作は山椒の実の切り込みが深く造形性に富んでいる。ざっくりとした作行きに、緑釉がところどころかけはずされ二彩となって、なかなかモダンである。道入以後、樂家ではこうした茶懐石に使われる食器もつくられるようになる。

3代道人

道樂
どうらく

生没年不詳

道樂は3代道入の弟で名は吉右衛門、生没年はわからない。明暦2年(1656)に泉州堺で窯を興し樂焼を焼くが、その実態は今ひとつ明らかではない。使用する樂印は兄・道入を想い遠慮をしたのか、左右逆体の樂印を使用している。作品の数は圧倒的に少ないところから、本格的な開窯ではなく、むしろ数寄者風な楽しみの作陶窯であったのではないだろうか。鏡に映った字のように左右逆字を使用しているところにも、そうした遊び心が垣間見られる。作風は残念ながら未だに正確に捉えられない。伝世の作品が少ないことと、しっかりとした在印のものが少なく、道樂作かどうかの決定判断に困るものが多い。今後の研究に俟つところがある。

道樂

赤樂平茶碗　銘広沢
内箱蓋表「廣澤」
高さ7.1　口径13.9　高台径6.1cm
赤樂は胎土に含まれる鉄成分により色の変化を楽しむことができる。この茶碗に使われた聚樂土は茶褐色で、釉がかかる部分には黄色味が強く出ている。全体に厚作りで、やや手取りが重たくは感じるが、底部や部分的に施された飛び鉋(かんな)、篦(へら)が入った口造り、高台の力強い作行きから、確かな技術力を感じる。高台内に道樂印が捺され、道樂の基準作として考えてよいのではないだろうか。樂家旧蔵。

4代 一入（いちにゅう）

1640（寛永17年）	3代道入の長男として生まれる。
1656（明暦2年）	父・道入没。このとき一入17歳。
1658（万治元年）	千宗旦没。
1662（寛文2年）	庶子・一元が生まれる。
1665（寛文5年）	のちの5代宗入、雁金屋より樂家へ養子に入る。この頃、樂家は京都・猪熊一条上ルへ移る。
1688（元禄元年）	一元、玉水焼を開窯。
1690（元禄3年）	仙叟、利休堂を建立し、利休100回忌を営む。
1691（元禄4年）	一入剃髪。宗入、吉左衞門を襲名。
1696（元禄9年）	没。享年57歳。

藤村庸軒好　用の字印

クズレ印

4代 一入

一入は道入42歳の子であり、道入が58歳で亡くなっているため、父とともに作陶した時間は少ない。初名は左兵衛。一入の妻は蒔絵師熊谷宗明（宗閑）の娘で、寛文年間には一時妻の実家近くに住まいした。しばらく妻とは子供に恵まれず、23歳の時、妾との間に男子（一元）を授かり、さらに雁金屋三右衛門から男子（宗入）をもらい養子とした。その後、娘・於津（妙通）を授かり、のちに宗入の妻となっている。一元には樂家に引き取られて暮らしていた時期があり、一入が伊勢の御師の仕事のために宗入、一元を伴い下向した記録も残されている。元禄4年(1691)に家督を宗入に譲り、剃髪し一入と名を改めた。一元は樂家を出て母方の実家・山城国玉水において樂焼窯を開窯する（のちの玉水焼）。一入没年は元禄9年、享年57歳であった。

一入は若くして代を継いだこともあり、父・道入の影響を受けている。総じて薄作、大振りな姿に、縦箆など大胆な箆跡をきざみ、力強い作行きが見られる。しかし晩年になるにつれて、長次郎回帰とも思える作風へと向かう。茶碗の寸法は小振りな締まったものとなり、目立った箆跡も影を潜める。樂焼の原点である長次郎の作風から多くを学びとろうとする姿勢があったことは当然であるが、そうした長次郎回帰の背景には、世の中の利休回帰の時流が大きく作用したと考えられる。元禄3年に利休100回忌が営まれるにあたり、利休の思想や侘茶への再認識の動きがより活発になり、利休道具を所望されることが顕著になった。時代が利休回帰に流れ、利休の創意を強く汲んだ長次郎茶碗もまた、人々に望まれたのであろう。

一入の代表的な釉の特徴である「朱釉」は、黒釉の中に銅の呈色による赤色が浮かび上がるように発色するもので、すでに道入茶碗にも見られるが、釉技として完成させたのは一入である。ただし、現在一入作とされるものには一元はじめ玉水焼歴代の制作した朱釉黒樂茶碗なども含まれ、さらに明らかな偽物も一入作として混同される場合もある。また一入の黒釉は、道入の艶やかな光沢のあるそれとは違い、柚肌になっているものが多く、長次郎茶碗に倣い総釉の作品も多い。赤樂の釉調は、道入にも見られたように砂釉を好んで用いていることなどが特徴としてあげられるが、色調は、濃く渋い赤色から明るいオレンジがかった色合いまで幅広い。それは聚樂土や白土と黄土の化粧、さらには備前土などさまざまな土による制作を試みていることにもよる。また、道入の抽象的な絵に対し、具象的な絵を描いたのも一入からである。茶碗の箱にみずから書付を行うのも一入から始まったとされている。朱釉の代表作として黒樂平茶碗「西湖」「暁天」、黒樂茶碗「浪まくら」「カノコ斑」「嘉辰」など、また、絵付のある代表作として黒樂茶碗「山里」、赤樂茶碗として「青苔」「若菜」などがある。

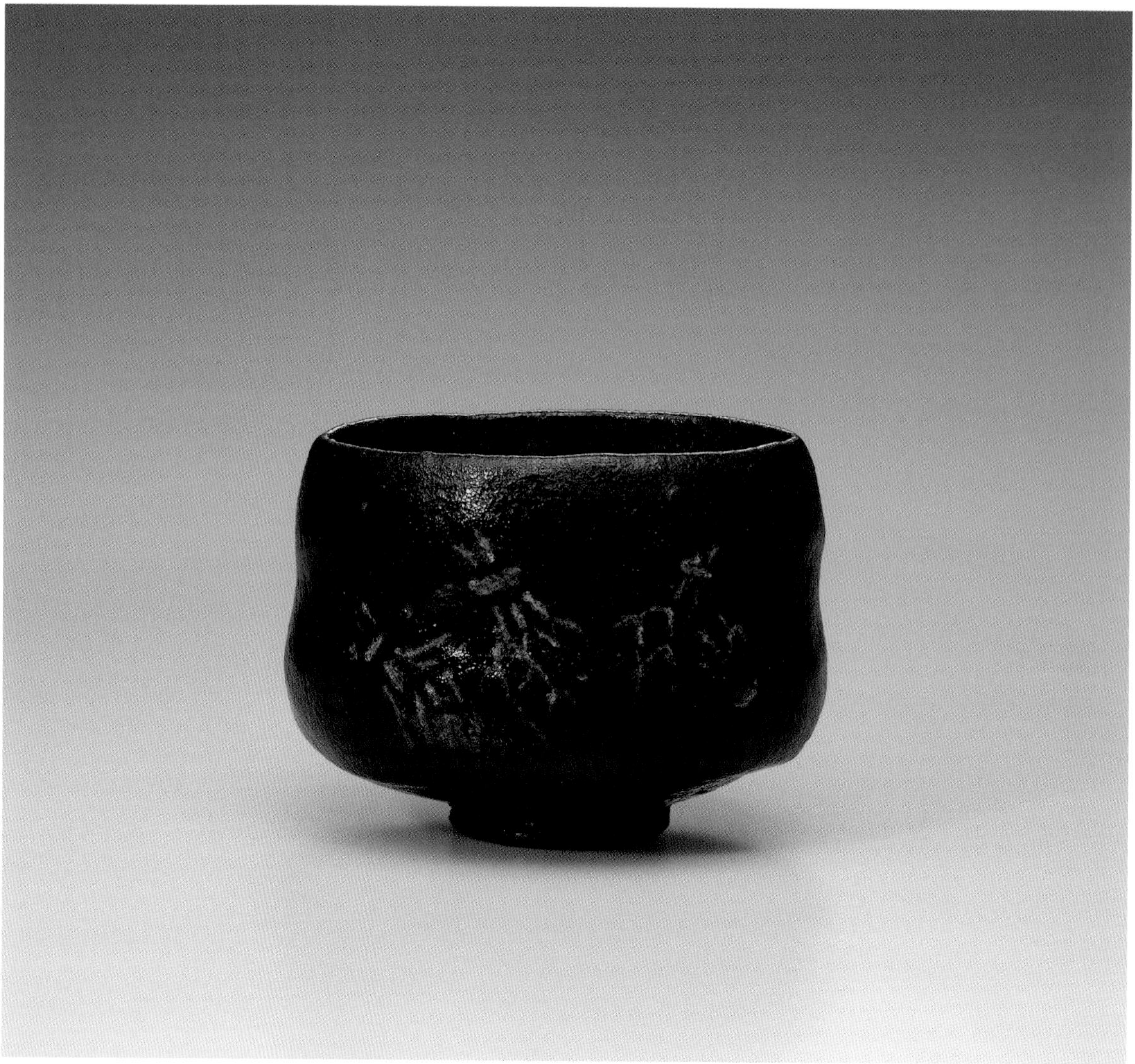

4代 一入

樵之絵黒樂茶碗　銘山里

内箱蓋裏「一入造　黒茶碗　画アリ　銘山里　左（花押）」
碌々斎宗左筆
高さ8.8　口径10.4　高台径4.8cm

棒の先に鎌をゆわえて持つ人物が正面に描かれ、その裏には鎌で刈ったのだろう、束ねた柴の絵が彫られ、そこに白釉を差している。線刻の人物はきわめて抽象化され、ユニークで面白い。一入特有の朱釉が現われ、柚肌状の黒釉は素朴で味わい深い。京都・福井家伝来、樂家旧蔵。

黒樂茶碗　銘嘉辰
内箱蓋裏「一入作　黒茶碗　嘉辰(花押)」啐啄斎宗左筆
高さ8.5　口径10.0　高台径4.9cm
高台から少し立ち上がりながら、ふっくらと腰をはり、胴をわずかに締め、口部に向かって緩やかにすぼんでいる。それらは樵之絵黒樂茶碗「山里」にも共通するもので、一入独特の姿といえる。釉は、一部柚肌状になり、ところどころ、ほつほつと黒釉の中から煮えるように渋い朱色の斑紋が浮き出て、一入ならではの朱釉を見ることができる。樂家旧蔵。

黒樂平茶碗　銘暁天
内箱蓋裏「一入黒　平茶碗　暁天(花押)」一燈宗室筆
高さ6.0　口径13.8　高台径5.1cm
馬盥(ばたらい)形で胴部の立ち上がりが浅く、その分、ゆったりとした広がりを感じる。一入特有の朱釉の色調が、一部漆黒釉の中に現れ、まさに暁の空を染める朝焼けを思わせる。底部土見せには薄めた黒釉をごくうっすらとかけているようで、黒ずんだ褐色の土肌となっている。高台の周囲、高台内の土取りも、鋭く篦がまわされ、厳しい表情である。

4代 一入

赤樂茶碗　銘つるし柿
高さ8.2　口径9.2　高台径4.5cm

胴の一部が欠けたように見えるが、おそらく素焼きの段階で胎土がはぜて欠け落ちたのではないだろうか、それがかえって面白い景色を与えている。一入は偶然の及ぼした造作を作品の中に取り入れ、楽しんでいるかのようである。細かな砂質を含んだ渋みのある落ち着いた釉調で、その風情は鳥についばまれたつるし柿にも思え、晩秋から初冬の侘びた味わいがある。樂家旧蔵。

赤樂茶碗　銘渋柿
内箱蓋表「一入赤茶碗　宗乾渋柿ト号ス　（花押）」認得斎宗室筆
内箱蓋裏「渋柿　宗乾」竺叟宗室筆
外箱蓋表「一入赤茶碗　竺叟函書附　渋柿と号在　外筥柏叟筆　於甃土軒席上極書付愚句出けるまま此うらに志るし置」玄々斎宗室筆
外箱蓋裏「玄々斎　鶴子かき軒になるゝや千代栄ふ　認得斎」認得斎宗室・玄々斎宗室筆
高さ7.2　口径9.8　高台径4.4cm

黒茶碗かと思うほど、還元焼成による暗緑色を帯びた黒味が強く出た赤茶碗。ただ高台の部分にのみ、ほんのり赤さが残っている。いかにも長次郎形にのっとった小振な寸法、高台の底の赤樂色が愛らしい。渋柿との銘はまさに言い得て妙、黒く焦げたこの赤樂茶碗を2つとない名碗に仕立てている。脇に朱漆で裏千家7代竺叟の花押が書かれている。樂家に伝わった茶碗で、裏千家11代玄々斎の外箱の書付は樂家茶室・甃土軒(がんどけん)で書かれている。樂家旧蔵。

4代
一入

赤樂茶碗　銘明石

内箱蓋裏「ノンカウ黒　一入赤　茶碗　左（花押）　須磨あかしト云」如心斎宗左筆
高さ8.2　口径11.5　高台径4.7cm

この茶碗は赤黒一双になっており、道入が黒茶碗を、一入が赤茶碗をつくっている。源氏物語に因んだのであろう、「須磨」「明石」とそれぞれ銘されている。その姿は「大黒」などにも似た利休形をしており、肌合いは、聚樂土よりも鉄分が少ない土により薄赤色となっている。柔らかく素朴な味わいがある。樂家旧蔵。

赤樂筒茶碗

共箱蓋表「利休形　赤茶碗　御茶碗師　樂焼吉左衞門（印）」一入筆
高さ9.0　口径8.5　高台径4.8cm

一入の若い頃の作品であろうか、柔らかく優しい感じがする。全体に可愛らしい小振な利休形で、砂釉がかけられ、酸化焼成で焼かれたのであろう、薄赤肌色になっている。一入の頃から作者自身の書付が始まるが、そうした共箱（ともばこ）の数はきわめて少なく、それらには「利休形」と書き込まれている。利休の茶へと傾斜してゆく当時の茶の湯の動向と重なっている。樂家旧蔵。

4代 一入

83

焼貫砂金袋水指　銘山川

内箱蓋裏「半升鎬内煮山川　省々」吸江斎宗左筆
高さ16.4　口径14.7　胴径19.5cm

本作は焼貫と呼ばれる樂焼における焼締め陶とでもいえるが、土質はそれほど堅く焼締まっているわけではなく樂焼独特の柔らかさを残す。樂焼の黒樂用窯で焼成されており、胴体は、わずかに水釉がかけられた程度で、備前焼のような色調に仕上がっている。蓋は焼貫ではなく、飴釉がかけられ手取りも軟かい。底に表千家10代吸江斎が朱漆で「山川　旦(花押)」と直書している。樂家旧蔵。

4代 一入

赤樂一重口水指　銘縄簾

共箱蓋表「縄すだれ　水指　樂焼吉左衛門(印)」一入筆
高さ17.5　口径17.4cm
渋い趣の一重口(ひとえぐち)の水指で、胴には、一入と親しく交流があった、「宗旦四天王」の1人に数えられる茶人・杉木普斎が「いにしえの賤が住いの縄簾…」と歌銘を漆で書き付けている。
森川如春庵の所持であった。森川家旧蔵。

飴釉鐘楼水指

内箱蓋裏　旦入極
高さ17.0　口径14.7　底径20.8cm

堂々と力強い趣。底部をどっしり構え、胴部にはくびれをもち、口部にかけてすぼまった姿を鐘楼に見立てている。全体には艶やかな飴釉がかけられている。裏千家4代仙叟の好み。樂家旧蔵。

赤樂獅子香炉

内箱蓋裏「樂獅子香炉　赤一入作　黒宗入作　（花押）」不見斎宗室筆
高さ16.1　長径15.2cm

にっこり歯を出して笑っているかのような表情が、なんとも愛嬌があり、細部に至る造形に一入の技巧のうまさを感じる作品。息子の宗入がのちに黒樂獅子香炉をつくり、赤黒一双として箱に収められている。樂家旧蔵。

緑釉菊皿
高さ3.5　口径15.0cm
菊は向付のモチーフとして好まれており、形はさまざまなものが伝わっている。この菊皿は赤樂であるが、焼成の時還元を強くしたため緑黒色に窯変している。黒の中にほんのり赤が現れ、深い味わいとなっている。無印。樂家旧蔵。

赤樂棕櫚皿
高さ4.3　口径17.3cm
棕櫚(しゅろ)の葉をモチーフにした皿、もしくは向付。大振りで造形もしっかりしており、薄作り。釉調も鮮やかで、華やかさを感じる。樂家旧蔵。

赤樂膾皿
高さ5.3　口径12.5cm
向付は、その時々の茶の宗匠の好みに合わせた寸法でつくられることが多く、そのため、当時の懐石の様子を表している。特に向付と折敷(おしき)の相添う寸法など興味深い。本作は宗旦の好みとして著名。利休形の折敷の寸法に合うべく、小振りな姿である。樂家旧蔵。

4代 一入

5代 宗入

そうにゅう

1664(寛文4年)	雁金屋三右衛門の子として生まれる。
1665(寛文5年)	樂家へ養子に入る。
1685(貞享2年)	のちの6代左入生まれる。
1688(元禄元年)	一元、玉水焼を開窯。『宗入文書　覚』成る。
1690(元禄3年)	利休100回忌が営まれる。
1691(元禄4年)	5代吉左衛門を襲名。28歳。
1696(元禄9年)	この頃、樂家、油小路へもどる。
1708(宝永5年)	剃髪隠居して宗入と号す。
1713(正徳3年)	半白・50歳を祝って黒茶碗200個をつくる(癸巳茶碗)。
1716(享保元年)	没。享年53歳。

5代 宗入

雁金屋三右衛門の子で、2歳で一入の養子となり、のちに一入の娘(於津)を妻に迎える。初名を平四郎、のちに惣吉とあらためる。尾形光琳・乾山とは従兄弟にあたり、曾祖母は本阿弥光悦の姉である。2歳上の義兄に一元がおり、宗入は、28歳で家督を継ぎ、45歳で隠居、53歳で亡くなっている。

元禄元年(1688)から8年にかけ、父・一入とともに『宗入文書』と呼ばれる2通の樂家覚書と1通の系図を書き残している。これは、樂家の系譜を知る文書としては、最も古い資料である。元禄4年(1691)あたりに宗入は家督を一入から譲られるが、時代はすでに長次郎没後100年が経っている。自然と過去のことがわからなくなる時期でもあり、吉左衛門襲名にともない家の系図をまとめる必要があったのであろう。また、義兄・一元が元禄元年以後に樂家を出て井手町玉水の実母の家に戻り、玉水焼を創したことからも、この文書を書く必要があったのかもしれない。

宗入が生きた元禄時代は光琳、乾山に代表される、琳派と呼ばれる華麗な装飾性、デザイン性が好まれていたが、宗入は父・一入と同じく、長次郎茶碗の装飾性なき世界へと歩んでいく。その背景には、やはり利休100回忌にあたり、茶の湯の流れが、今一度利休の侘茶の意識に回帰していったことも関係しているのだろう。道入に見られたモダンな造形と対照的に、宗入黒茶碗は小振りな姿にカセ釉で碗を重厚に包み、腰を深く構え、特に目立った装飾的な箆目も控えられ、端然と静かである。しかし宗入の作陶を考えるうえで重要なことは、単なる長次郎茶碗の模倣ではなく、宗入の視点で長次郎の本質を再構成していることである。全体にぽってりと厚作りで、わずかに柔らかな曲線が宗入らしい華やぎを感じさせる。とくに、光沢の失せた鉄の釜肌を思わせる黒釉「カセ釉」は、長次郎の黒釉がもつ侘びた表情を宗入みずからの意識の中で捉え、独自の表現として結実させたものであり、宗入の作陶への意識の高さをうかがうことができる。決して長次郎黒への追従、模倣ではなく、宗入独自の釉調へと昇華している様は見事である。

宗入50歳の時、半白の祝いに黒樂茶碗200碗の連作を行い、その年の干支に因んで「癸巳茶碗」と呼ばれ、代表作の1つとなっている。その他の黒樂茶碗には「亀毛」「梅衣」などがある。赤樂茶碗は貫入の入った、やや白みを帯びた落ち着いた調子のものが多く、中には窯の中でよく溶けたものもあり、窯変の現れたものなどいくらかの幅がある。代表作に赤樂筒茶碗「福寿草」(湯木美術館蔵)、「福の神」など。

黒樂茶碗　銘亀毛
内箱蓋裏「宗入黒茶碗　亀毛(花押)」如心斎宗左筆
高さ8.3　口径9.3　高台径5.2cm
全体をすっぽりと覆うしっとりとした黒釉は、宗入独特のカセ肌の中でも最も美しいものの1つ。腰を深く降ろした姿、腰から胴にかけて見られるくびれ、口へと繋がる曲線の柔らかなフォルムは宗入独特のもの。長次郎茶碗に通じる器形ではあるが、長次郎にはない艶やかな趣を感じる。宗入独自の表現を感じさせる代表作の1つ。樂家旧蔵。

黒樂茶碗　銘梅衣
内箱蓋裏「宗入黒　茶碗　梅衣　(花押)」啐啄斎宗左筆
高さ8.6　口径10.4　高台径5.1cm
低い腰から力強く立ち上がった胴部に篦跡が入り、引き締まった趣である。厚くかけられたカセ釉は黒樂茶碗「亀毛」よりもやや堅くカセて、姿とともに響き合っている。冬の寒さの中、まだ堅い梅の蕾(つぼみ)がじっと花ひらく春を待っている、そうした趣を感じさせる。「亀毛」とともに樂家に伝来した名碗。樂家旧蔵。

5代宗入

黒樂茶碗　銘比良暮雪

内箱蓋表「比良」覚々斎宗左筆
内箱蓋裏「癸巳　暮雪（花押）　吹入雲号龍入瀾　比良嶺雪
暮江寒　軽舟短棹興何盡　莫作刻溪一様看」覚々斎宗左筆
外箱蓋裏「宗入黒茶碗　比良暮雪　覚々斎書付　左（花
押）」如心斎宗左筆
高さ8.1　口径10.8　高台径5.1cm

「癸巳茶碗」の中の1つ、正徳3年、宗入50歳の時の作。長次郎の「大黒」と共通する造形で、癸巳茶碗の中でも典型的な利休形を基本とした作品のうちの代表的な1碗である。釉は宗入のカセ釉がかけられている。「近江八景」に因んだ銘で、箱裏に漢詩が書き付けられている。「比良暮雪」の他に残り7碗、「近江八景」の銘がつけられた茶碗が伝世している。

黒樂茶碗　銘鹿の声

内箱蓋裏「宗入作黒茶わん　鹿の声　（花押）」一燈宗室筆
高さ8.5　口径10.6　高台径4.8cm

宗入のカセ釉が全体を覆っている半筒形の茶碗。長次郎の「大黒」などをイメージさせるような、静かな佇まいである。ゆるやかに腰を立ち上げ、胴はわずかな変化とともに口部へと続いている。やや厚い口部は心持ちふっくらとさせ、見込へと気持ちが吸い込まれていく。小振りな寸法で、おとなしくはあるが存在感のある作品。

黒樂平茶碗　銘古池

内箱蓋裏「宗入作黒　平茶碗　銘古池　旦（花押）」碌々斎宗左筆
高さ5.6　口径14.6　高台径6.0cm

宗入の茶碗は長次郎を基本としているためか、寸法は締まったものが多い。しかし平茶碗は豪快に大振りで、力強い作行きが見られる。この「古池」も典型的な宗入の馬盥（ばたらい）形平茶碗で、腰を低く大きく張り出し存在感がある。総体にカセ釉がかけられている。窯の中での炎との変化により、片面は少し光沢があるカセた釉に、もう片面はマット質のカセた釉となっている。樂家旧蔵。

5代 宗入

赤樂茶碗　銘福の神
共箱蓋表「利休形　赤茶碗　御茶碗師　樂焼吉左衛門（印）」宗入筆
共箱蓋裏「福の神　（花押）」一燈宗室筆
高さ7.2　口径9.4　高台径5.4cm

一入の共箱と同様、「利休形」と宗入みずから書き付けている。柔らかな赤色で、腰を張らせ、胴部を少しすぼませながら立ち上げている。口部は内へと強く抱え込み、茶筅摺りなく見込へと続いていく。後述の赤茶碗に比べやや若作であろうかと思われる。この赤茶碗の「福の神」という銘は、他に黒茶碗にも存在する。樂家旧蔵。

赤樂茶碗
共箱蓋表「利休形赤茶碗　御茶碗師　樂焼吉左衛門（印）」宗入筆
高さ7.8　口径9.8　高台径5.2cm

この茶碗もまた「利休形」と宗入が書き付けている。長次郎茶碗を基本にしながら、腰を張り、口部にかけ一方を張り、一方を締めた姿は「亀毛」などと共通する宗入独特の姿である。釉は白味を帯びた柔らかな色調の赤樂釉で、貫入が細かく入り、胴の中央にできた楕円の釉ムラが面白い景色となっている。樂家旧蔵。

5代宗入

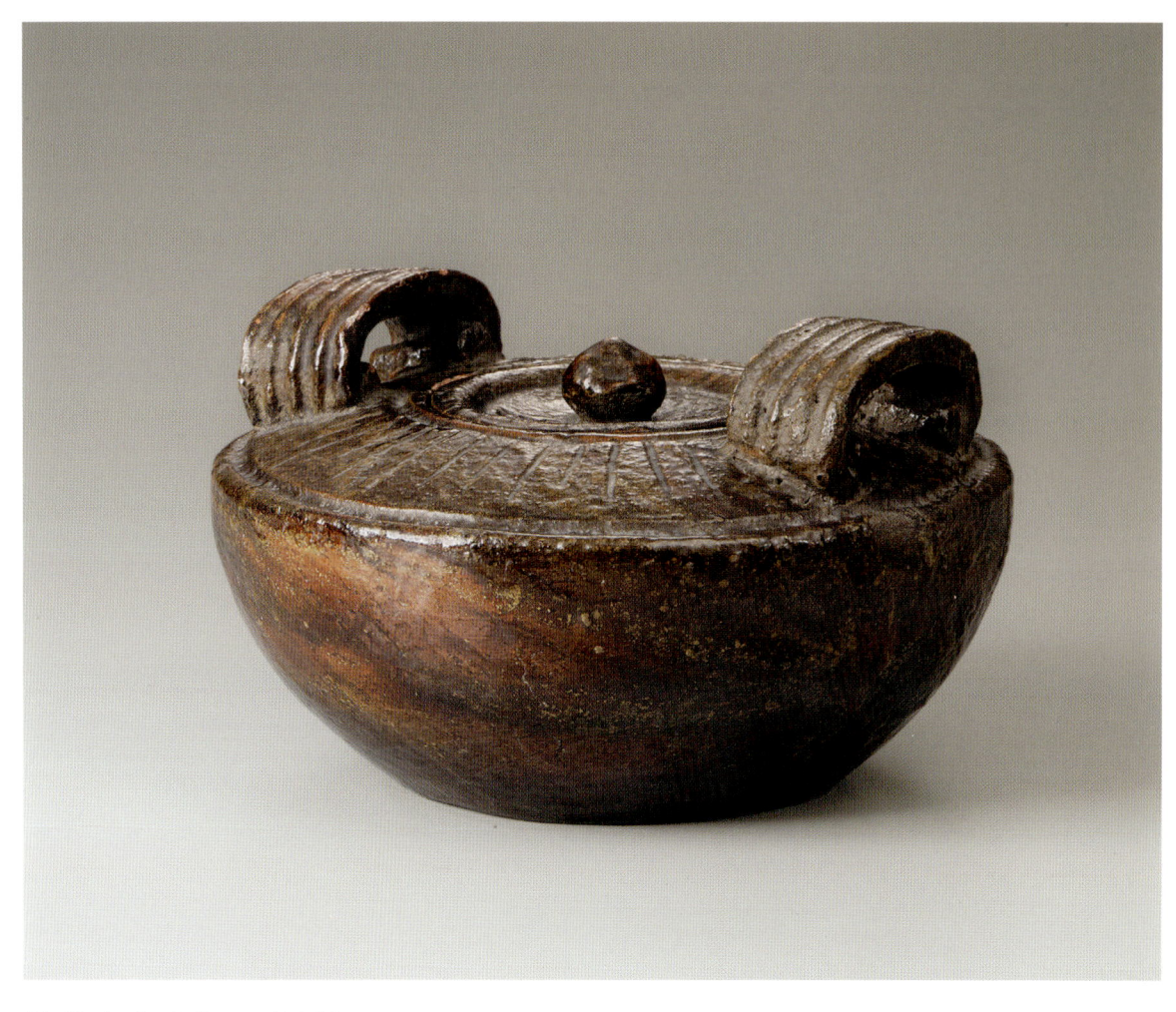

飴釉大名水指　庸軒好
高さ15.2　口径11.8　底径14.6　胴径25.4cm
筆者不明ではあるが、貞享3年の年号のある書付に、「庸軒好高光公所望にて弐つ出来候之内此水指手前傳来　貞享弐　丙寅年　九月　拾五日」とある。大名水指といわれ、別名唐子(からこ)水指とも呼ばれており、大きな耳が中国の子供の左右に結わえた髪型に似ていることからの称である。飴釉のカセた部分と光沢のある部分が織り交ざった色合いに、宗入らしさがうかがえる。樂家旧蔵。

黒樂獅子香炉
内箱書付(一入・赤樂獅子香炉を参照)
高さ16.1　長径17.0cm
愛嬌ある顔で、柔らかな動きをつけた生命感あふれる彫刻的な香炉。父・一入が赤樂で獅子香炉をつくっており、本作と併せて一双となっている。獅子香炉は普通、正面を見据えた「向獅子」の姿が多いが、この一双の獅子香炉は前足をわずかに踏み出し、顔を横に向け、のっそりと今にも歩み出しそうな動きを表現している。樂家旧蔵。

5代宗入

緑釉甲皿
高さ6.3　口径13.6　高台径6.8cm
やや大振りで厚みもあってどっしりしており、底には宗入の樂印が捺されている。緑釉をかけ、線彫りしたところに金釉を差し込んでいる。表千家6代覚々斎好。樂家旧蔵。

鉄線之絵緑釉皿
高さ2.6　径15.3cm
樂焼のルーツである素三彩に通じる三彩釉の皿。中央に鉄線の花を線描で描き、金泥を差している。5枚揃いそれぞれの緑釉のかけ方は異なり、薄い部分と濃い部分がまちまちで、それがかえって均一ではない自由な味わいを感じさせ、同時に元禄時代の華やかな雰囲気も感じられる。樂家旧蔵。

5代宗人

一元
いちげん

1662（寛文2年）―1722（享保7年）

4代一入の庶子。義弟・宗入の2歳年上。母の実家である山城国玉水村(現京都府綴喜郡井手町玉水)で暮らしたのち、樂家に引きとられ、一入のもとで宗入とともに作陶修行に励んだ。しかし、元禄元年(1688)頃、一入の跡継ぎとして宗入が吉左衛門襲名をなすと決まり、一元は母の実家に戻り、いわゆる後世「玉水焼」と称する樂焼窯を創設した。

玉水焼は、一元から一元の子・一空、さらに一空の弟・任土斎と3代続き、その後、任土斎に子がなかったため一元の血筋は絶え、任土斎の弟子で、一元の母方にあたる伊縫家の楽翁が後を継いだ。明治初期、8代照暁斎まで続き、玉水焼は廃窯廃絶となった。

6代涼行斎が「日本樂家　伝来」を記した頃(安永5年、1776)を境に、それ以後、一元が興した玉水焼を「南樂家」、宗入が継いだ樂焼を「北樂家」と呼び、宗入、一元の間で家督相続の争いがあったと、ことさらに書き立てる風潮があるが、一元在世当時、果たしてそのような事態に及んだかどうか、はなはだ疑問である。元禄初年には伊勢の御師の焼物のために一入、宗入、一元が3人共々に下向し、仕事をしている。一入も在世しており、一元との間柄ももっと穏やかなものではなかったかと考えられる。

一元の作風には、父・一入の影響が見え隠れし、作風や釉調が似ているものも多くあるが、豪快で力強い作行きのものも多く存在する。技巧に優れ、道入や光悦などを写し、学んでいたようである。釉調の特徴としては、一入の朱釉を踏襲し、黒樂釉に赤く発色する朱釉をよく使っており、これは一元から一空、任土斎と共通した玉水焼の一つの特徴にもなっている。作品のいくつかは一入に似ていることから、一入作として伝来しているものもあると思われる。

黒樂平茶碗　銘洗心
共箱蓋表「平茶碗　(印)一元(花押)」一元筆
高さ5.4　口径14.9　高台径5.1cm
腰に見られる篦(へら)、楕円形に歪んだ胴などは、一元の中では少しおとなしい部類だが、総体の力強さや自由な表現からは一元らしさが感じられる。全体にかけられた釉は、一入の気泡跡が残る釉に似ている。釉がかりによりわかりにくいが、高台脇に印がある。樂家旧蔵。

貨狄写飴釉釣舟花入
共箱蓋表「貨てき写　釣舟口生　(印)弥兵衛(花押)」一元筆
高さ16.3　長径23.0cm

釣舟は南蛮砂張のものがオリジナルとなって、その後、陶製や竹製のものがつくられる。本作は南蛮砂張釣舟の雰囲気を比較的忠実に模している。塁座(るいざ)が口部にまわり、胴部はふっくらと、舟先を鋭く立ち上がらせ、シンメトリーに形づくられている。全体に飴釉がかけられ、落ち着いた表情を見せている。書付に貨狄(かてき)写とあり、貨狄とは中国古代皇帝の臣の名で、船を考案した人といわれている。釣舟花入の総称ともなっている。

一元

矢筈形水指
共箱蓋裏「利休形　ヤハス水指（樂印）　弥兵衛（花押）」一元筆
高さ16.1　胴径16.2cm

一元の箱書付には「利休形矢筈水指」とある。胴を少し締め、全体に小刻みに篦をまわしている。赤土を用い、全体に透明釉をかけて土の色合いを残し、柔らかさを感じさせる。矢筈口上部に小さな穴を開け、水のはけ口を工夫している。底部に一元の樂印が捺されている。

6代 左入 さにゅう

1685（貞享2年）	大和屋嘉兵衛の次男として生まれる。のち、宗入の婿養子となる。
1708（宝永5年）	宗入の娘・妙修の婿として、6代吉左衛門を襲名。
1728（享保13年）	剃髪隠居し、左入と号する。
1733（享保18年）	「左入二百」と称し、200碗の赤、黒茶碗の連作を手がける。
1738（元文3年）	長次郎150回忌法要を営み、記念に150の赤茶碗をつくったと伝える。
1739（元文4年）	没。享年55歳。

大和屋嘉兵衛の次男として生まれ、宗入の婿養子となる。初名を惣吉、諱を嘉顕という。実家は京都油小路二条東入ルにあった。樂家との関わり、左入が樂家に入る時期などは、現在では詳らかでない。宝永5年(1708)、宗入の隠居にともない、宗入の娘・妙修*を妻として24歳で6代吉左衛門を襲名した。

享保13年(1728)、長男・長入に家督を譲り、44歳で隠居。表千家6代覚々斎宗左より「左」の字を授かり、左入と号す。この時、長入15歳であった。

隠居後も旺盛に制作し、享保13年(1728)覚々斎宗左の手捏ね50碗「流芳五十」を焼く。その後、左入の集大成ともいえる「左入二百」を享保18年(1733)に連作する。それら「左入二百」の作品は、赤黒茶碗合わせて200碗からなり、1碗1碗作行きが異なる個性的な作品が多い。それぞれの茶碗に、表千家7代如心斎宗左が銘をつけていることもあり、茶人の間で珍重されてきた。それぞれに付された銘は記録され、現在に伝えられている。

左入は、樂焼の古作の名碗に学び、加えて光悦や瀬戸黒なども模作し、そこからも多くを習得した。それが広がりのある作域を生み、左入の特色の一つとなっている。それには左入自身の合理的とも思える造形探求への裏付けがあるようで、当館に収蔵されている光悦写「雨雲」の卓越したできばえや、さまざまな作品に取り込んだ光悦的な篦使いと造形的間合いは、そうした左入の作陶姿勢を物語っているといえる。まさに左入は、樂家の伝統の中で育っていない不利や、異なった環境で育ったゆえの利点とうまく向き合い、それまでの樂家にはない新たな自由な作行きを生み出したといえるのではないだろうか。

左入の茶碗は、総体的に、高台脇の篦削りに特色があり、力強い篦跡や微妙な削ぎなど変化に富んでいる。黒釉には、宗入のカセ釉より少し硬い趣で、わずかに青を帯びたものや、よく溶け、光沢のある柚肌状のものもある。

赤茶碗は、左入ならではの不透明な白濁した釉がかけられ、柔らかで温厚な表情がうかがえるものが多い。また伸びやかな筆運びによる絵を施した碗もあり、これもそれまでにない新たな試みの一つであろう。

注：元文年間(1736～41)頃に書かれた樂焼についての一般文書『樂焼代々』には、「左入母は宗入女於津、大和屋江嫁シテ生ム所、宗入ノ孫。オッテ剃髪、後妙通。妻は丹波河原地ノ者」と記載されているが、宗入妻、娘、左入妻などが甚だしく混同され、左入が「宗入の孫」となり、誤解を生じている。宗入の娘は妙修といい、父・宗入との合作の香合なども残されており(樂美術館蔵)、左入の妻となっている。

黒樂茶碗　銘姨捨黒 左入二百之内

共箱蓋表「二百之内　樂左入(印)」左入筆
共箱蓋裏「姨捨黒　(花押)」如心斎宗左筆
高さ8.6　口径10.0　高台径5.0cm

享保18年(1733)に200碗の連作を行った「左入二百」の
うちの1碗。左入の用いる黒釉の中ではやや光沢のある柚
肌。全体におとなしい静かな姿であるが、手に取ると胴部
釉下には横篦や面取りの削り跡があるのが見られ、なかな
か力強い作行きも感じられる。高台脇にも意識的に削られ
た篦跡など、左入の特色がよく現れている。樂家旧蔵。

黒樂筒茶碗　銘ヒヒ 左入二百之内

共箱蓋表「(二百之内)　樂左入(印)」左入筆　＊「二百之
内」の字が消されている。
共箱蓋裏「ヒゝ　(花押)」如心斎宗左筆
高さ10.3　口径9.8　高台径5.8cm

宗入のカセ釉とは異なり、やや堅さを残す左入特有のカセ
釉の調子。腰を低く張り鋭角にきっぱりと立ち上げる姿
は、瀬戸黒を連想させる。それは単なる瀬戸黒写しに留ま
らないばかりか、瀬戸黒にはない手捏ね独特の彫刻的な造
形力を見せている。特に腰の縦篦、底部高台脇の削りなど
力強い篦使いに魅力がある。「ヒヒ」は老猿の意味だろう
か、あるいは「霏々（ひひ）」すなわち、雪や雨が細やか
に降る様子を意味するものだろうか。樂家旧蔵。

6代左入

109

黒樂茶碗　光悦雨雲写
内箱蓋裏「雨雲黒茶碗　（蔵印）　御写　宗左(花押)」如心斎宗左筆
高さ9.3　口径12.7　高台径5.0cm
光悦作の黒樂茶碗「雨雲」を模した作品。左入は、さまざまな名碗を写し、そこから自分なりの表現を会得している。特に左入の光悦写しは定評があり、中でもこの茶碗は単なる姿の表面的な写しを超え、光悦茶碗の本質を捉えようとする力が感じられる。箱書から、紀州徳川家からの注文品であることがわかる。紀州徳川家伝来、樂家旧蔵。

赤樂茶碗　銘毘沙門　左入二百之内
共箱蓋表「二百之内　樂左入(印)」左入筆
共箱蓋裏「毘沙門　(花押)」如心斎宗左筆
高さ8.4　口径10.8　高台径4.9cm
利休形を模してつくられたと思われる造形は、小振りな半筒形で、全体的に穏やかではある。左入らしい白濁した釉には細かな貫入が生じ、釉下からほんのりとした赤色が現れている。華やかさの中に時代の落ち着きを感じさせる。樂家旧蔵。

6代左入

赤樂茶碗　銘カイカウ 左入二百之内
共箱蓋表「二百之内　樂左入(印)」左入筆
共箱蓋裏「カイカウ　左(花押)」如心斎宗左筆
高さ7.6　口径11.2　高台径5.0cm

腰を緩やかに持ち上げ、やや浅い背丈に整えられている。胴部に一筋横ベラを通し変化をつけ、口造りは光悦を意識したとも感じられる切り離された篦使いが面白い。「左入二百」の銘には、七草や七福神、宇治十帖などの連名や、本作のように1つ銘で独立した碗もある。「カイカウ」の銘は従来より「開口」の漢字を当てている。樂家旧蔵。

赤樂茶碗　銘桃里
高さ8.6　口径12.5　高台径5.1cm

ふっくらと丸みを帯びた胴部から、すっと口部にかけて立ち上がり、口部にかけて2ヶ所強い縦篦により変化をつけている。これらの造形には光悦茶碗の影響がうかがえるが、ことに口部の金継ぎは光悦の「雪峯」を連想させる。篦跡の薄さから見て、おそらく制作時にすでに割れが入っていたのであろう。しかし本作の魅力は「光悦写し」ではなく、左入独自の造形へと昇華しているところである。樂家に伝わった茶碗だが、銘「桃里」は覚入の妻・妙和の命名により、表千家13代即中斎が書付をしている。樂家旧蔵。

赤樂茶碗　銘横雲
内箱蓋裏「左入赤　茶碗　横雲　左(花押)」如心斎宗左筆
高さ7.8　口径11.5　高台径5.4cm

胴に刻まれた横篦跡を雲と見立てて銘されたのだろう。反対面には縦の面取り篦が入れられている。腰を低く張り、胴部にかけて90度近く天に向かうように立ち上がっている姿は、抽象性が感じられ、どこかモダンな趣でもある。この碗もまた光悦から啓発されたと感じられる左入の造形がうかがえる。「横雲」という銘は『新古今和歌集』藤原定家の歌「春の夜の夢の浮はしとだえして峯にわかるる横雲の空」から如心斎によってつけられた。樂家旧蔵。

6代左入

兎之絵赤樂茶碗　左入二百之内
共箱蓋表「二百之内　樂左入(印)」左入筆
共箱蓋裏「赤　うさ記の絵　左(花押)」如心斎宗左筆
高さ8.8　口径11.1　高台径5.7cm

「左入二百」の中で絵付された茶碗は、この「兎の絵」をはじめ「槌の絵」「ツボツボの絵」「檜垣の絵」など19碗ほどある。本作は、白泥で生き生きとした伸びやかな筆で兎の絵が簡素に描かれている。釉は「毘沙門」「多福」などの艶やかな赤樂釉とは異なるタイプで、ざらざらした砂質の赤釉がかけられている。樂家旧蔵。

赤樂茶碗　銘多福
高さ8.9　口径10.6　高台径6.0cm

底部を平たく形取り、鋭角に腰を立ち上げ、片方の胴部を大きく凹まし、形をゆがめている。たっぷりとした豊かな趣、誇張のある姿がどこかユーモラスで、命銘もそういったところからではないだろうか。釉は白みのある艶やかな赤樂釉で、「毘沙門」などとも共通する左入独特のもの。樂家旧蔵。

白樂茶碗
共箱蓋表「白茶碗　樂左入(印)」左入筆
高さ8.3　口径10.1　高台5.8cm

腰を低く構え、胴は一方を張らせ、一方を凹ませている。宗入が好んだ姿に似てはいるが、腰に強い篦を入れたり、口部を鋭く反り立たせ、光悦風な篦による口造りもうかがえる。白い釉は、樂家では香炉釉といわれる釉で、この茶碗の香炉釉には大きな貫入が入っており、左入の特色の一つといえよう。

6代左入

115

赤樂梔子水指

共箱蓋表「樂吉左衞門(印)」左入筆
共箱蓋裏「梔子水指　左(花押)」如心斎宗左筆
高さ23.4　口径11.8　胴径15.3cm

胴部中央をふくらませた姿は梔子(くちなし)の実の形だという。オレンジ色の鮮やかな実をつける梔子の木は家庭の庭にもよく見かけ、また梔子は「幸せを運ぶ」「清潔」などの花言葉をもっている。本作は表千家7代如心斎の好みとして著名な作。梔子の実の姿を水指に見立てる如心斎の好みと左入の造形感覚との出会いが面白い。樂家旧蔵。

6代左入

飴釉不識水指
高さ16.1　口径17.6　胴径22.0cm
胴を大きく膨らませどっしりとした趣、艶やかな飴釉が全体にかけられている。薄作りで軽妙な素焼蓋が添えられ、水指本体との対比が楽しい。「不識」とは、達磨大師が中国の武帝と問答を交わした時の言葉で、のちに達磨大師そのものを指す場合もある。樂家旧蔵。

緑釉乱菊手付向付
高さ10.5　径14.6cm
緑の中に鮮やかにパッと浮かび上がる菊の文様。この向付は、全体に緑釉、その中央に菊が黄土で描かれ、その上に透明釉がかけられている。向付類には珍しく、表千家6代覚々斎の判が朱漆で書かれている。10客が揃う。樂家旧蔵。

香炉釉二彩木瓜形牡丹文皿
高さ5.4　径15.8cm
白く全体にかけられた香炉釉、そこに黄土と赤樂釉で意匠化された線刻牡丹文が施されている。長次郎の「三彩瓜文平鉢」に見られる素三彩の流れを汲む作品。樂家旧蔵。

緑釉三彩木瓜形牡丹文皿
高さ4.6　径16.3cm
緑釉に黄土と赤樂釉で牡丹の絵がデザインされている。このような皿は常慶の時代からつくられており、懐石の向付や菓子器として使われた。江戸中期に茶の湯が町人階級に広がったのをうけ、需要も増したようである。樂家旧蔵。

6代左入

7代 長入
ちょうにゅう

1714（正徳 4 年）	左入の長男として生まれる。
1728（享保13年）	7代吉左衞門を襲名。
1740（元文 5 年）	千利休150回忌。
1762（宝暦12年）	剃髪隠居し、長入と号する。
1770（明和 7 年）	没。享年57歳。

7代 長入

6代左入の長男として生まれる。15歳で左入から家督を譲り受け、49歳で隠居し、57歳で亡くなる。代を継いでから約40年と、長い間作陶に励んだ。初名を惣吉、諱を栄清と称した。

長次郎に始まる樂茶碗はその後常慶から道入と続きモダンな装飾性を組み入れ、樂茶碗としての大きな転換を果たした。また、一入、宗入の時代には利休回帰、すなわち長次郎茶碗へと立ち返る動きを見せる。その後、造形性を駆使した左入を経て、江戸中期に活躍する長入へと受け継がれてゆく。

長入の時代は、利休から始まった千家も3家にわかれて繁栄し、家元制度も整い、茶の湯は町人層にもこれまでにはない広がりを見せる。そうした江戸中期の安定と爛熟した文化土壌の中で、長入は40年あまりの長い作陶生活を送り、如心斎宗左、一燈宗室、直斎宗守はじめ、川上不白など家元・茶人との交流を深めている。そうした時代性を表すように、長入茶碗には樂茶碗の伝統様式の定着とともに、やや形式化された造形への傾向が見られる。口部に山のような起伏がつけられたのもこの頃であり、のちに「五岳」といわれる形式性へと発展する契機を生む。いうまでもなく長次郎茶碗に「五岳」と呼ばれる様式はなく、それら伝統様式の形式化は、幕末の頃から茶の湯社会の中で定着固定化される。こういった様式の固着は、樂茶碗の根幹にある精神とは関係ないものである。

長入の作陶の魅力は、そうした形式化した作風にあるのではなく、大振りでやや厚作り、どっしりとした豊かな存在感を感じさせる作振りにある。とくに茶碗の造形は作者の個性や資質が強く反映されるといえる。長入のおおらかな作風は、江戸中期の安定した社会風潮とともに、長入自身の泰然自若とした人柄の反映であるように思える。長入茶碗には、父・左入のような強い個性的な作風は見られないが、その良き人柄が出ているように思われる。時折用いられる篦による装飾もゆったりと伸びやかである。釉調は光沢のある艶やかな黒釉を好んでおり、黒い色調は漆の真塗の黒に近い。赤樂釉は白味を帯びた赤や濃い赤など、数種類を持ち味にしている。また、香合や樂家仏壇にある「日蓮聖人座像」に代表される人物像などには、特出した精密な彫塑的技巧が見られ、これも長入の特色といえよう。

表千家7代如心斎が玉の絵を好んだので、玉の絵を装飾した作品も多くつくる。代表作に玉之絵黒樂筒茶碗「福禄寿」、竹之絵黒樂茶碗、赤樂茶碗「寿老人」（不審菴蔵）、緑釉象香合、日蓮聖人座像・厨子など。

黒樂茶碗

共箱蓋裏「黒茶碗　樂長入(印)」長入筆
高さ8.5　口径10.5　高台径4.6cm

特に目立った個性は感じられないが、高台底部から盛り上がるように丸みをつけて立ち上がる姿はゆったりと自然な趣を感じさせる。長入特有の漆黒の光沢釉が総体にかかっている。外部のおとなしい姿に対し、見込は力強い篦跡を残し変化に富んで面白く、茶溜まりを兼ねて意識的に彫り込まれた篦使いが長入の技巧の良さを物語っている。共箱の署名が「長入」となっているところから、長入49歳以後の作品であることがわかる。樂家旧蔵。

竹之絵黒樂茶碗

高さ8.6　口径11.3　高台径4.9cm

黒釉を筆でかけはずし、竹の絵を浮かび上がるように描いている。絵の部分は胎土の白土が見え、味わいある景色となっている。全体の姿はおとなしく、胴部に緩やかな横篦がうかがえる。口部にも起伏がつけられているが、やや単調でいわゆる「五岳」の形式化が見られる。釉は長入特有の艶やかな黒釉で、高台脇釉下に長入の樂印が捺されている。樂家旧蔵。

7代長人

赤樂茶碗
高さ8.7　口径11.8　高台径4.9cm
おおらかな姿に白味を帯びた赤樂釉がかけられ、高台周辺を土見せにしている。土見せ部分は、腰部の一方に胎土である赤茶色の聚樂土を大きく見せ、大胆で面白い景色となっている。印象深いのは口部の変化に富んだ起伏で、全体の丸みを帯びた姿を引き立てている。樂家に伝わる長入らしい1碗である。樂家旧蔵。

若松之絵赤樂茶碗
共箱蓋表「松之繪　赤茶盌　樂長入(印)」長入筆
高さ8.9　口径10.7　高台径5.3cm
力強く引き締まった作品。口部の作行きも形式的な趣はなく、緩やかに静かである。正面には白化粧土で根曳(ねびき)松の絵を描き、正月の目出度い趣を表している。このような具象的な絵は一入が始まりであるが、長入の頃に多数制作され定着したといえる。49歳、隠居後の作。樂家旧蔵。

7代長人

125

八卦彫文経筒花入
高さ24.1　口径7.7　胴径9.7cm
八卦占いで使われる算木(さんぎ)を文様として彫り込んでいる。姿は経筒を模しており、それを樂焼で花入として見立てた作品。全体に香炉釉がかかり、八卦文の凹の部分はカセた飴釉がかけられている。モダンな文様とともに2つの釉の響き合いが作品に立体感を生んでいる。樂家旧蔵。

7代長入

赤樂馬香炉
共箱蓋表「如心斎好　馬香爐　樂長入(印)」長入筆
高さ18.0　長径13.2cm
馬が草を食べているかのように首を下に向けており、その表情や体つきからなんともひょうげた印象を受ける。特に頭部は2本の前足に揃えて下げ、強い誇張を施している。表千家・如心斎好みとして著名な作品で、頭を垂れる謙虚な姿に因み、表千家では家元襲名の茶事の時に使用される習わしとなっている。樂家旧蔵。

緑釉象香合
共箱蓋表「象香合　樂長入(印)」長入筆
共箱蓋裏「普賢　(花押)」長入筆
高さ3.9　長径8.9cm
巧妙な篦使いがうかがえる逸品。題材となっている象は、長入が実際見たかどうかは定かではないが、享保13年(1728)、長入15歳の時に南国よりやって来て、京や江戸をまわり、世の中の話題となっていたようだ。また、象は普賢菩薩(ふげんぼさつ)の随獣でもある。蓋裏に「普賢」と墨書されている。樂家旧蔵。

赤樂猪香合
高さ4.9　長径7.9cm
赤樂釉に現れた火変わりの色合いが面白く、子供の猪であろうか、体を丸めてぽってりと眠っているような姿に愛らしさを感じる。この写実的な造形からも長入の技巧を感じることができる。樂家旧蔵。

白樂四方香合
高さ4.9　長径5.8cm
釉下に白化粧がかけられ、その上から全体にわずかに緑がかった釉がかけられている。長入の印が、外8ヶ所、内1ヶ所、計9ヶ所に捺されている。また印は、全体に散りばめられているのではなく、片側にだけ集められているのが興をそそる。樂家旧蔵。

7代長人

129

日蓮聖人座像・厨子 樂家蔵

本体＝高さ9.8　底径13.0cm

樂家の仏壇にあるこの作品は、宝暦12年（1762）長入49歳の作で、隠居剃髪を機に制作したのだろう。顔の表情や細部に至るところまで精巧で目を見張るものがあり、このような作品からも、確かな技術力があったことがわかる。龍の彫刻の台座や、厨子も同時に制作されている。

7代長人

8代 得入
とくにゅう

1745(延享2年)　　長入の長男として生まれる。
1762(宝暦12年)　　8代吉左衞門を襲名。
1770(明和7年)　　剃髪隠居し、佐兵衞と号する。
1774(安永3年)　　病没。享年30歳。
1798(寛政10年)　　25回忌にあたり、得入の名がおくられる。

7代長入の長男として生まれる。初名惣吉、諱を喜制(いみな よしただ)という。18歳で家督を継ぐが、病弱であったため、26歳の時、父・長入が亡くなると同時に、15歳であった実弟・惣次郎(のちに了入)に家督を譲り、佐兵衛と改名し隠居する。妻をもらうこともなく、その後、30歳という若さでこの世を去った。「得入」の名は、25回忌の法要の際に与えられ、「賢義院得入日普居士」と法名を改めた。

若くして病気がちな得入は、家督を継いでいた期間が約9年間という短さで、亡くなる時まで作陶したと考えても作陶期間は短く、そのため得入の作品は歴代の中で最も少ない。また得入の作品は若作ゆえ、みずからの個性や独自性を発揮する展開には踏み込めていないが、茶碗としての完成度はすでに高い。

茶碗は総じて父・長入の影響が色濃く出ているものが多く、また、樂茶碗の基本というべき利休形長次郎茶碗から学ぼうとしている様子などもくみ取ることができる。特にそれは赤茶碗に見られ、若いながらに茶の精神や樂茶碗と向き合った若者らしい素直な態度に初々しさを感じることができる。それは歳とともに上達する技術云々にとらわれず、若くとも老いていようとも、その歳にしか感じることができない想いを率直に表現している良さであるといえる。人それぞれ深くに抱く新鮮な、人としてのその時々の呼吸から生まれる感性こそ、大切な精神的営みとして我々に再認識させてくれるものではないだろうか。

黒樂茶碗においては「常盤」、亀之絵茶碗「萬代の友」などにも見られるように、茶碗としての完成度はきわめて高いものがある。しかし、使用されている黒釉は、独自な釉調の完成には至らなかったようで、父・長入の釉を使用していると考えられる。

代表作に、上記の「常盤」「萬代の友」、初々しさの残る赤樂茶碗などがある。その他に、明和5年(1768)の年号が入った日蓮宗門扁額が現在でも樂家仏壇に掛けられている。

黒樂茶碗　銘常盤

内箱蓋裏「得入作　黒茶碗　銘常盤　左(花押)」惺斎宗左筆

高さ7.8　口径10.7　高台径5.1cm

厚く釉がかかりわかりにくいが、高台から腰にかけ、また胴などにも大胆な箆(へら)が入り、力強い造形作品となっている。20歳前後の作品であるが、充分な完成度である。全体には、しっとりとした光沢ある黒釉がかけられている。樂家旧蔵。

黒樂筒茶碗

高さ9.7　口径8.7　高台径4.4cm

特に個性的な作行きは見られないが、樂茶碗の規範に従い、全体的に静かで慎ましい趣である。高台は小振りで、高台内に渦状の兜巾(ときん)が箆で削り出されているところなども、伝統様式に従って制作していることがわかる。得入の中でも比較的若い時代の作と考えられるが、茶碗としての完成度は高く、器胎の厚みも大きさもともにほどよいもので、手にすっぽりとおさまる心地よさがある。釉は父・長入のものと似ており、若い得入はみずからの釉をまだ探っていた時期だったのかもしれない。樂家旧蔵。

8代 得入

亀之絵黒樂茶碗　銘萬代の友

共箱蓋表「亀之繪　黒茶盌　樂吉左衛門(印)」得入筆
共箱蓋裏「得入作　黒茶碗　亀ノ繪アリ　銘萬代の友　左(花押)」惺斎宗左筆
高さ8.5　口径10.1　高台径4.6cm

胴に亀の絵を白釉で細かに描き、すっきりと整った伝統的な姿をしている。病弱で短命であった得入としては手の込んだ精緻な絵付で、1碗1碗真剣に取り組んだ様子がうかがわれる。短い命の炎を燃やしながら、死とも向き合い作陶したのであろうか、静かな碗の姿に真っ直ぐな生を感じる。樂家旧蔵。

赤樂茶碗

高さ8.3　口径10.8　高台径5.1cm
了入極書付

酸化焼成で焼かれたのであろう、柔らかな赤色で火変わりもなく優しい趣がある。姿は、おとなしくはあるが、高台脇や胴に篦が意識的に入っており、景色の一つとなっている。高台内は伝統様式に沿い兜巾が渦状に削り出されているが、決して巧みな篦削りとはいえない幼さを残している。そうした作行きがいかにも若者らしく率直で初々しく、好感を感じさせる1碗である。在印。樂家旧蔵。

赤樂茶碗

高さ8.4　口径12.6　高台径5.1cm

無印であるところから、襲名以前の16歳頃の作と考えられる。若い時代に利休形やさまざまな先代が生み出した作品から学んだのであろう、この作品は「一文字」や「木守」といった利休形に則し制作されている。正面の火変わりに斑が出て、ほのぼのとした赤色が美しく、若々しさを感じる優しい茶碗。樂家旧蔵。

8代 得入

137

赤樂筒茶碗
了入極書付
高さ9.7　口径9.2　高台径4.5cm

初々しさが愛らしく感じられる1碗。腰・胴部に丸みをもたせ、ふっくらと立ち上げている。樂焼ならではの轆轤(ろくろ)を使わない手捏ねによる造形が、自然と手のひらの形になり、包み込むような柔らかさを生み出したのであろう。篦跡などの変化は見られず端正で静かな趣である。樂家旧蔵。

8代 得入

赤樂菊皿
高さ4.7　口径20.6　高台径10.2cm
花弁が細かく造形された、大振りな菊の皿。得入は短命であったため、このような皿、向付はことさら少ない。これは樂家に伝わったもので、5客あったが1枚破損し、のちに11代慶入が補填している。樂家旧蔵。

9代 了入
りょうにゅう

1756（宝暦6年）	長入の次男として生まれる。
1770（明和7年）	兄・得入の隠居に際し、9代吉左衞門を襲名。
1775（安永4年）	赤黒200個の茶碗を翌年にかけてつくる。
1788（天明8年）	天明の大火で樂家が類焼し、長次郎以来の陶土を焼失する。
1789（寛政元年）	長次郎200回忌を営み、記念に赤茶碗200個をつくる。
1811（文化8年）	剃髪隠居し、了入と号す。
1818（文政元年）	表千家了々斎手造り茶碗50個を焼く。
1819（文政2年）	表千家了々斎、旦入とともに紀州へ赴く。
1825（文政8年）	石山に隠棲。同年、古稀を記念し赤黒70個の茶碗をつくる。
1834（天保5年）	没。享年79歳。

火前印

中印

了入隠居印と彫り

隠居印・草樂印

古稀記念の彫り

喜寿記念の彫り

7代長人の次男。初名を惣次郎、諱を喜全、「雪馬」「翫土老人」などの号を名乗っている。了入は、兄である8代得入が病弱であったため15歳で家督を譲り受け、その後79歳で没するまで長い作陶人生を歩む。15歳で父を、19歳で兄を亡くし、33歳の時には京都・上京がほとんど焼失する「天明の大火」（団栗焼け）にあい、長次郎以来の陶土を焼かれてしまう。その翌年には妻までも亡くし、49歳の時には18歳になった長男を亡くしている。しかし了入は度重なる不幸に負けず、兄が亡くなった翌年には赤黒200碗もの茶碗の連作を行い、大火の翌年の寛政元年には、長次郎200回忌のための茶碗200碗を制作した。表千家8代啐啄斎はじめ千家の力添えも大きな助けとなり、了入は樂家の磐石な基礎を築き、のちに「中興の祖」と人々から称賛されている。作陶の他にも多才を発揮し、俳諧や書画、易学、神道などを学び、晩年は近江（滋賀県）石山に隠居所をつくり、魚釣りなどを楽しみ、作陶と風雅に興じた。石山での作陶には「石山閑居造」「於湖南造」などと彫られた作品も多い。了入の作風は年齢によって大きく変遷しており、使用印を替えているため、おおよその制作年を推定することができる。襲名当時から天明8年の大火で印を焼失するまで使用した「火前印」（15歳〜33歳）、その後隠居するまで使用した「中印」（34歳〜56歳）、隠居後、没年まで使用する「隠居印」（57歳〜79歳）などがある。

了入独特の個性が発揮されたのは、既に火前印の捺された茶碗の中にもはっきりとうかがうことができるが、やはり中印時代からだろう。長次郎から200年の年月を経て、樂茶碗の伝統と向き合いながら了入が新たに切り開いた作行きは、篦における装飾的な造形の革新であるといえる。了入は手捏ね茶碗の特色の一つである篦削りに注目し、篦による造形を追求した。しかしそれは単なる装飾的な篦ではなく、また情緒的な篦跡でもなく、確実に茶碗の造形を決定する迫真的な篦削りを見せている。黒樂茶碗「巖」は大胆な篦により力強い形を獲得している。また隠居後の「白樂筒茶碗はやはり篦削りによって動きのあるモダンな姿を成形している。さらに古稀七十」に見られる、梳るような作振りの茶碗は、みずからを削りにぶつけるような、自己の内面に潜む精神的な造形表現のための篦として昇華させている。このような造形には初めからたどり着いたわけではなく、長次郎茶碗から学びつつ手捏ねの表現技法を見つめ、了入ならではの捉え方として発展させたものといえる。そこでは長次郎のみならず道入や光悦から学んだものが大きいに違いない。

また、樂家広間の号、「翫土軒」は、了入が表千家9代了々斎に授かった額であり、晩年は「翫土老人」の号を名乗った。

代表作は、黒樂茶碗「巖」、白樂筒茶碗、黒・赤茶碗「古稀七十」など。

黒樂茶碗　銘巖 個人蔵

内箱蓋裏「吉左衛門作　黒茶碗　いわお　左(花押)」啐啄斎宗左筆
高さ8.3　口径10.1　高台径3.9cm

大胆な篦による意識的な造形は、これまでの樂茶碗の中には見られない作行きである。外側の削りは勿論のこと、碗内の削りも大胆で力強く彫刻的で、まさに「巖」という銘にぴったりである。本作は、大火で失われる前の「火前印」が捺されていることから、了入が33歳までに制作したことがわかる。若い時代の作であるが、既に了入の表現意識が明確に定まっている。

黒樂茶碗

高さ8.8　口径12.4　高台径5.0cm

「七里」にも似た光悦風の作品。多彩な篦削りの跡が刻まれている。道入以来、本阿弥家との交流が続いているが、光悦茶碗が樂歴代に及ぼした影響は大きく、了入もまた光悦に魅せられた1人であろう。この作品は光悦風ではあるが写しではなく、了入が光悦を自分の中で昇華させている。中印が捺され、了入34歳から56歳までの時代の作。

9代 了入

立鶴写黒樂茶碗
高さ10.1　口径12.4　高台径5.5cm
迷いのない篦で力強く土を落とし、高台は割高台（わりこうだい）となっている。高麗茶碗の制作法とは異なり、轆轤（ろくろ）を使用せず手捏ねでつくってはいるものの、本歌の「御本立鶴（ごほんたちづる）」に倣い、轆轤目風に篦をまわしている。全体を少しゆがませ、のびのびとしたおおらかさも感じることができる。樂家旧蔵。

赤樂茶碗　古稀七十之内
共箱蓋表「七十之内」了入筆
共箱蓋裏「赤　丙戌　九代(印)」了入筆
高さ7.8　口径9.5　高台径4.1cm
古稀を祝いつくられた70のうちの1碗。丸みを帯びて立ち上がり、全体に梳るように斜めの篦が無作為に入り、口部も起伏に富み変化に充ちている。土と戯れるような無心な境地、晩年に了入がたどり着いた造形世界となっている。その造形と合わせて、釉景色も華やかで愛らしい1碗である。高台脇に「古稀　了入(隠居印)」と彫られている。樂家旧蔵。

9代 了入

赤樂茶碗　銘姨捨

共箱蓋表「赤茶碗　二百之内　樂吉左衞門(火前印)」了入筆
共箱蓋裏「姨捨　(花押)」啐啄斎宗左筆
高さ9.3　口径11.2　高台径4.8cm

箱表に了入自筆で「二百之内」と書かれ、蓋裏に表千家8代啐啄斎が銘を書き付けている。これら200の茶碗の連作は「啐啄二百」と称され、それらの中には了入の若い時代の代表作が揃っている。若々しい作行きが残り、多少の篦跡は見られるが、特に強い造形は見られず、素直な造形をしている。これら「啐啄二百」の茶碗はすべて無印であるが、作行きに共通性があり、箱書にみずから書付をし「火前印」が捺されていることから了入の若い頃の作品とわかる。樂家旧蔵。

赤樂茶碗

高さ7.1　口径9.9　高台径4.3cm

腰をどっしりと強く張り、胴を締め、口部に向かってすぼまるように丸く抱え込んでいる。釉景色が面白く、下の方から還元が強くかかったようで、下3分の2は緑がかった暗色に窯変して、口縁部の酸化による赤色が鮮やかな景色をつくっている。高台脇に「六十三造(印)」と篦で彫られている。了入の自由な造形がうかがわれる作品である。樂家旧蔵。

9代了入

白樂筒茶碗

共箱蓋裏「黄薬　筒茶碗　樂了入(印)」了入筆
高さ9.1　口径9.6　高台径4.7cm

石彫や木彫などのカービングによる造形と同じく、篦により造形されたその姿は強く、彫刻的な魅力を感じる。胴部を形作る篦は軽快なリズムを生み、伸びやかな動きを表現している。低く鋭角に切り込んだ底部と高台は、思い切りよく大胆な篦さばきによってまとめられている。黄味がかった白釉が姿と調和してモダンである。腰部に隠居印が捺されている。このような作行きの茶碗は了入以前にはなく、了入が追求した造形ではないだろうか。樂家旧蔵。

赤樂一重口水指

共箱蓋表「赤　水指　樂吉左衛門（印）」了入筆
高さ15.4　径15.5cm

形こそ単純ではあるが、その中にさまざまな篦使いを巧みに施し、力強い造形が見られる。また、火変わりによる色の変化は複雑で、ことに外底部に出た斑も面白い景色を加えている。強さの中に赤樂特有の柔らかさを加え、しなやかな趣の魅力的な作品となっている。底には表千家8代啐啄斎の花押（朱漆）、了入の「火前印」。樂家旧蔵。

赤樂矢筈口水指

共箱蓋裏「矢筈口水指」了入筆
外箱蓋裏「了入作　矢筈口水指　宗室(花押)」淡々斎宗室筆
高さ14.0　胴径17.3cm

赤樂一重口水指と同様の作行きで、やはり了入の巧みな篦使いが見られる。ことに胴部に見られる面取り篦は力強く、さらに櫛目状の装飾的篦も刻み多彩である。胎土に白土を用い、黄土化粧の刷毛目が現れ、変化に富んだ篦削りとともに味わい深い景色を生じさせている。焼成温度はかなり上がったようで、還元炎による暗色の窯変がさらに景色を深めている。大火後の「中印」が捺されており、40歳前後につくられたと思われる。樂家旧蔵。

香炉釉立鼓花入
高さ19.9　口径12.3　高台径8.8　底部径10.1cm

立鼓(りゅうご)花入は利休好みの黄瀬戸の立鼓が著名である。本作は、均整がとれた利休形とはひと味異なる造形。胴のしまりを下方にとり、下部に対して上部が大きく、意識的に面白いバランスにしている。細かな貫入が入り、黄色味を帯びた香炉釉が鮮やかな作品である。高台裏には、隠居印が捺されている。樂家旧蔵。

交趾写雁香合
高さ6.8　長径8.8cm
愛嬌ある姿で、羽など細部に至るまで緻密につくられている。全体の姿はたっぷりとした、大振りな作品。緑、黄、白の色釉が鮮やかでモダン。内側に了入の隠居印と「本　九代」と書かれており、「本」の字は本歌として樂家に残す作品という意味合いがある。樂家旧蔵。

交趾写亀香合
高さ6.3　長径10.4cm
交趾（コーチ）の亀の写し。亀の顔がなんともいえず剽軽（ひょうきん）で、手足をやや抽象的につくり、遊び心ある作品。甲の部分に緑釉、紫釉をかけ、その上から金を漆でつけている。樂家旧蔵。

交趾写四方台牛香合
高さ6.0　長径6.3cm
台の上に牛が寝そべっている。牛のレリーフは写実性に富み、牛の骨格をしっかりと捉え、立体感ある作品となっている。この作品も蓋裏に「本　九代」と釘彫りされ、本歌手本として残すように了入が伝えている。底部に「天」という字が陽刻されている。樂家旧蔵。

9代了入

10代 旦入
たんにゅう

1795（寛政7年）	了入の次男として生まれる。
1811（文化8年）	10代吉左衛門を襲名。
1819（文政2年）	表千家了々斎、了入とともに紀州へ赴く。紀州徳川家・偕楽園御庭焼創設、この時「旦入日記」を書く。
1826（文政9年）	紀州徳川治宝侯より樂の印判を拝領。
1827（文政10年）	仁阿弥道八、尾形周平、永樂保全らとともに紀州偕楽園御庭焼に参加。
1830（文政13年）	紀州西の丸御庭焼をつとめる。
1832（天保3年）	4度目の紀州御庭焼をつとめる。
1834（天保5年）	紀州徳川斉順侯の湊御殿における清寧軒窯に奉仕。その後1844年（弘化元）まで続く。
1838（天保9年）	長次郎250回忌を営み、記念に黒茶碗250個をつくる。
1844（弘化元年）	清寧軒窯において黒茶碗150個をつくる。
1845（弘化2年）	剃髪隠居し、旦入と号す。
1854（安政元年）	没。享年60歳。

前印・木樂印

拝領印（徳川治宝筆）大

年忌印（吸江斎筆）

拝領印（徳川治宝筆）小

十代喜愷角印

隠居印（拙叟宗益筆）

9代了入の次男。初名を市三郎、その後、惣治郎、諱を喜慍という。父・了入が56歳で隠居するが、兄が若くして亡くなったので、旦入が17歳で家督を継ぐ。51歳の時、隠居し、表千家10代吸江斎から宗旦の旦の字を授かり、旦入と名乗る。

旦入は、紀州徳川家とこれまでよりもさらに深い繋がりをもつようになる。文政2年、旦入25歳の時、紀州徳川家10代治宝侯が御庭焼・偕楽園窯を開窯するにあたり、表千家9代了々斎と父・了入とともに創設に出向き、多くの作品をつくる。面白いことに、この時に旦入が書いた「旦入日記」と呼ばれる日記が残っており、京都出発から、築窯、さらに日々の御前での制作など詳細を記録、当時の様子がよくわかる。これ以後も度々紀州に赴き、32歳の時、治宝侯から自筆の「樂」の字を授かり、みずからの印とした。その際に多くの茶碗をつくり、この「拝領印」を捺し、箱書に「拝領御文字　吉左衞門　丙戌年晩冬初造」と書付した。また紀州徳川家11代斉順侯が御庭焼・清寧軒窯を開窯する際にも奉仕し、樂以外にも萩、唐津、織部、志野などの写しもつくる。この時には、「清寧」と書かれた印を捺している。

旦入の作風は、父・了入の篦による造形をさらに発展させ、多彩に軽妙な篦使いを見せている。また、江戸後期という時風や、紀州徳川家での経験が作風に現れ、従来の樂焼にはない、美濃や唐津といった国焼茶碗、また高麗茶碗などの作風を取り込み、新たな造形を生み出している。総じて旦入の特色として挙げられるこれら技巧の上手さは、全体の姿、口造り、腰部の篦取り、高台などさまざまなところに見ることができる。たとえば高台を見ると、篦により力強く削ると同時に、高台畳付などには細かな篦が施され、虫食いや欠けといった詳細なニュアンスを表現している。これらは高度に技巧的ではあるが、卓越した空間センス、間合いによって、全体の造形の中に収められ、過剰な技巧による弱さから逃れている。旦入の力量を見るところである。黒釉は了入と似た光沢釉であるが、赤樂釉は、強い火変わりや窯変が出て、鮮やかな赤との変化に富んだ面白い景色となっているものが多い。また、さまざまな印を使っており、それぞれをたどることで、作品の時期や背景がわかる。それらの印を散りばめた、「印尽し」または「数印」と呼ばれる茶碗もつくっている。印には襲名以来使用した「前印」(木樂印と称されている)、文政9年の拝領御文字による「拝領印」の時代、隠居後に使用した「隠居印」、さらに天保9年、長次郎250回忌を営んだ際に使用した吸江斎筆の「年忌印」などがある。

代表作に、掛分黒樂茶碗「破レ窓」、赤樂印尽し茶碗、亀之絵赤樂茶碗・徳川治宝画、赤樂茶碗「秋海棠」、焼貫花入「巌松」など。また樂家の仏壇には、旦入がつくった利休座像などが飾られている。

不二之絵黒樂茶碗

共箱蓋裏「不二之絵　黒茶盌　樂吉左衛門(印)」旦入筆
高さ7.9　口径12.3　高台径4.7cm

正面に黄ハゲ釉で富士山の絵が描かれた作品。口部は大きく、やや低い背丈の厚作りで、どっしりとした手取り感がある。厚作りであるため強い箆削りを可能にし、胴部、底部など、箆による変化をごつごつとつけている。旦入の若い頃の作品で、代を継いでから32歳頃まで使っていた「木樂印」が高台脇に捺されている。

掛分黒樂茶碗　銘破レ窓

内箱蓋裏「旦入作　カケワケ茶碗　銘破レ窓　左(花押)」
碌々斎宗左筆
高さ7.9　口径12.0　高台径5.3cm

なんともモダンな片身替わりの作品。この白と黒の大胆な対比は、底流に旦入の織部茶碗への視線が感じられるが、それを樂茶碗の様式に見事に取り込んで、新しい樂茶碗を生み出している。姿は、角のついた腰から、わずかに胴元を締め、口部にかけおおらかに広がり、今までにない新たな造形となっている。一部生じた窯傷に黄ハゲ釉が流れ込んで傷をふさぎ、光が透け、それを破れた障子窓に見立ててこの銘がついた。樂家旧蔵。

10代 旦入

萬歳楽之絵黒樂茶碗　銘千秋楽未央

共箱蓋裏「萬歳ノ画　黒茶碗　十代旦入造(隠居印)」旦入筆
外箱蓋裏　「旦入作　万歳絵　黒茶碗　銘　千秋楽未央　左(花押)」即中斎宗左筆
高さ8.5　口径11.5　高台径5.0cm

万歳とは、扇を持った太夫と鼓を持った才蔵が正月に家々をまわり祝言を演じる、門付け芸人のことで、戦後しばらくは見かけられた冬の風物詩であった。本作の中央に万歳の絵を陽刻しているが、これは細かな白土を使い、薄くモデリングして描いたもので、手の込んだ技法を見せている。姿は旦入特有の、胴を少し締め、口部にかけ張りをもたせる形。前出の「破レ窓」にもうかがうことができる。高台脇に隠居印。

梅鉢文黒樂茶碗

共箱蓋裏「ヲリヘ形　黒茶盌　(拝領印)十代　吉左衛門」旦入筆
高さ7.7　口径12.1　高台径6.4cm

胴部と見込に梅の文様が描かれ、強い横箆や櫛目状の縦箆により装飾的な楽しさを感じさせる。明らかに黒織部を意識してつくられたものである。高台内には、徳川治宝侯から拝領した隷書の「拝領印」が捺されており、30歳過ぎにつくられた作品であろう。樂家旧蔵。

10代 旦入

赤樂茶碗　銘秋海棠

内箱蓋裏「旦入作　赤茶碗　銘秋海棠　左（花押）」碌々斎宗左筆
高さ11.7　口径8.2　高台径5.3cm

どっしりと低く腰を降ろし、胴は少しくびれさせ、全体の姿は力強く大振り。多彩な箆による造形には旦入の技巧が光り、釉調も鮮やかな赤色と窯変による黒緑色が響き合い、見事な景色となっている。やはり造形の基本には美濃茶碗の影響がうかがわれ、それを樂茶碗の様式に取り込んでいる様子は、旦入の力量のほどがうかがわれるところである。

赤樂印尽し茶碗

覚入極書付
高さ8.6　口径10.9　高台径5.3cm

薄作りで旦入としては軽妙な箆削りを見せている。ことに赤樂の景色が美しく、酸化と還元のバランスにより、暗緑色の窯変部分には赤い斑点が散在し、変化に富んだ景色を生んでいる。印尽しとなっており、「木樂印」「拝領印」「隠居印」「年忌印」「十代喜懺角印」の種類で7つ捺されている。樂家旧蔵。

10代旦入

伊羅保写樂茶碗
内箱蓋裏「旦入作　以朝鮮土造トアリ　曾孫　十三代(拝領印)證之」惺入筆
高さ7.5　口径13.7　高台径5.8cm
本来、伊羅保(いらぼ)茶碗は轆轤(ろくろ)成形によって造形される器であるが、旦入は樂焼の技法で写し、手捏ね成形ならではの柔らかい味わいを表現した。釉も飴釉と赤樂釉を併用し、伊羅保茶碗の釉調を模している。高台脇に「以朝鮮土造」と彫り込まれており、やや粗い薄赤気味の胎土がうかがわれる。樂家旧蔵。

唐津写樂茶碗
共箱蓋裏「唐津写　茶碗　十代造(拝領印)」旦入筆
高さ7.5　口径12.3　高台径5.0cm
唐津写しとはいえ、唐津茶碗のコピー、単なる写しではない。これはむしろ唐津の様式を巧みに取り込んだオリジナルな樂茶碗であるといえる。特に高台畳付の周囲に刻まれた虫食い篦跡は、旦入の技術の粋を感じさせ、ざんぐりとした味わい深い土味とともにこの茶碗の見どころともなっている。釉はやや黄味がかった白濁の赤樂釉をかけ、唐津の釉調を倣っている。拝領印が捺されている。樂家旧蔵。

10代旦入

焼貫花入　銘巖松
内箱蓋裏「旦入作　焼貫置花入　巖松ト云　碌々」碌々斎宗左筆
高さ22.5　口径8.6　胴径8.7cm
焼貫(やきぬき)の技法で焼成されたこの花入は、総体に黄土をかけ茶褐色に焼き締まった表情を見せ、一部、黄ハゲ釉がかけられている。強い箆跡に櫛目の装飾的な箆が加えられ景色をつくっている。決して大振りな寸法ではないが、堂々とした姿で存在感を感じさせる。正面裏に表千家11代碌々斎が「巖松」と朱漆で書き付けている。樂家旧蔵。

飴釉捻子貫水指
内箱蓋表「己卯」了々斎宗左筆
内箱蓋裏「祢ち奴き写　左(花押)」了々斎宗左筆
高さ17.3　口径10.6　胴径12.7cm

この水指は、徳川治宝侯による偕楽園窯で焼かれたもので、飴釉がかけられ、胴部に螺旋状の溝が彫られているところから、ネジと見立てて捻子貫(ねじぬき)水指という。本歌は瀬戸焼で紀州徳川家に伝来している。底部には偕楽園御庭焼印が捺されている。樂家旧蔵。

緑釉金箔鯱香合
高さ10.3　台長径6.6cm
緑釉の台座に、金色の鯱(しゃち)が反り返っている、鮮やかで目を引く作品。尾張徳川家12代徳川斉荘(なりたか)侯の好みで、名古屋城の鯱をイメージし、この鯱香合を旦入につくらせたようである。50個のうちの1つ。樂家旧蔵。

赤樂鶏香合
高さ7.2　胴径8.0cm
ざっくりと素朴な表情で、白土に黄土が施され、細かい砂混じりの赤樂釉(砂釉)がかけられている。火変わりによる色調の変化もあり、味わい深い作品となっている。旦入は、この鶏とは別に十二支の香合もつくっており、その中の酉香合は、また異なった表情で面白い。樂家旧蔵。

赤樂宝船香合
高さ5.0　長径10.5cm
昔話に出てきそうな宝船を象った香合。手捏ねでつくられたその形に、黄土によるラフな刷毛塗りがなんともいえぬのどかな表情をつくっている。細部までつくられた宝の彫刻も見どころである。樂家旧蔵。

10代旦入

利休座像 樂家蔵
高さ19.5　底径17.6cm
樂家仏壇に祀られている利休座像。顔の表情、造形など細部までしっかりつくられ、旦入の技巧の上手さがここにも現れている。像の中をくりぬき、そこに「十代謹与　天保甲午」と旦入が釘彫りしている。天保5年(1834)、旦入40歳の作。

10代旦入

11代 慶入
けいにゅう

1817（文化14年）	酒造家小川直八の子として生まれる。のち、旦入の婿養子となる。
1842（天保13年）	父・旦入とともに紀州清寧軒窯に行き、獅子置物などを制作す。その後しばしば紀州に赴く。
1845（弘化2年）	11代吉左衛門を襲名。
1854（嘉永7年）	御所炎上により樂家も土蔵を残し類焼。
1856（安政3年）	西本願寺御庭焼露山窯につとめ、大谷光尊より雲亭の号を受く。
1857（安政4年）	樂家建物（現在、登録文化財）を再建。同年、長男弘入が生まれる。
1867（慶応3年）	大政奉還・王政復古。
1871（明治4年）	剃髪隠居し、慶入と号す。
1884（明治17年）	常慶250回忌を営む。
1902（明治35年）	没。享年86歳。

前印・蜘蛛巣印（大綱宗彦筆）

中印・董其昌印

雲亭印

隠居印・白樂印

十一代喜貫角印

常慶250年忌印

11代 慶入

丹波の国、現在の京都府亀岡市千歳町国分の酒造家小川直八の3男。初名惣吉、諱(いみな)喜貫(よしつら)、号随宣。11歳の時に樂家10代旦入の養子となり、その後、旦入の娘・妙國を妻に迎える。29歳で旦入から家督を譲られ吉左衛門を名乗り、55歳で隠居し、86歳で生涯を終える。9代了入に次いで長い作陶人生を送る。歌道や書を好み、特に茶道に熱心で、表千家11代碌々斎より茶道の最高位「皆伝」を伝授されている。
慶入が生きた時代は、江戸幕府が政権を朝廷に返す大政奉還が行われた幕末から明治にかかる変革の時期、さらにその後に続く新政府の鹿鳴館時代といわれる欧化政策の波に押され、茶道はじめ伝統文化が衰退していく苦しい時代であった。家元においてすら地方の素封家を頼らざるを得ない状態であり、碌々斎も萩、備前などの素封家のもとに逗留し、その地でも茶道を広げた。慶入は碌々斎とともに萩に出向き、その逗留の間、碌々斎を助けるとともに、萩焼の窯で作品を制作しており、萩茶碗や香合、水指などが残っている。また、38歳の時には、京都御所からの出火で大火となり、樂家も土蔵1つを残しほぼ焼失してしまう。しかし、慶入は重なる困難にも精力的に立ち向かい、茶碗に限らず、皿や鉢、懐石道具類、さらに煎茶道具など幅広い作域の作品を手がけるなど、道入、了入に次ぐ名工ともいわれている。
慶入の作風は、道入や了入の作為性を好み、篦(へら)による装飾も絶妙でバランス感覚に優れ、瀟洒軽妙な特色をもっている。それは音楽で表すなら、強弱、音色、拍子、拍節といった音と音の間(ま)、響き合いから生まれるリズムにたとえることができる。また、総じて慶入茶碗は薄作りで締まったものが多く、歴代の中でも特に小振りな寸法をとっている。それは茶道が華やかに盛んであった時期とは異なる時代の茶風、時代性の影響とも考えられるが、自宅で茶事を熱心に行うなど、茶の湯の精進から導かれる慶入自身の茶風、作風への姿勢であったと考えられる。時に大振りで豪快、力強い作風を好む方向もあり、また瀟洒で慎ましやかな趣にみずからの作風の方向を求める場合もあった。
また、慶入も生涯で印を度々替えており、おおよその年代別に作品を分けることができる。代を継いだ29歳から大火が起きた38歳までの時期は、「蜘蛛巣印」(前印)という大徳寺大綱宗彦老師筆の樂印を用いている。次は38歳から隠居する55歳までの時期で、「董其昌印」(とうきしょう)(中印)と呼ばれる印を使う。慶入は書にも造詣が深く、董其昌の書をこよなく愛していたという。55歳から亡くなる86歳の時期は、「白樂印」(隠居印)と呼ばれる印を使っている。その他、「天下一」、常慶250年忌の印、「雲亭」の西本願寺露山焼(ろざんやき)のための印、草書体の樂印(紀州御用印)などがある。
代表作は、黒樂茶碗「入舟」「大空」、貝貼浮文白樂茶碗「潮干」、鶯鳥大香炉など。

黒樂茶碗　銘入舟　個人蔵
共箱蓋表「印尽黒茶碗」慶入筆
共箱蓋裏「銘　入舟(花押)」碌々斎宗左筆
共箱底書付あり
高さ7.9　口径11.5　高台径5.1cm
胴に段を設け、口部に向かって張り出させ、全体を杏形にゆがめている。箆の強弱による絶妙なバランス感覚が動的な造形に仕上げている。そこにはどこか織部茶碗の影響をうかがうこともできるようである。慶入は他窯のそうした要素を樂茶碗の中に融合し、見事に取り入れている。全体に薄作り、軽妙な趣である。見込や胴、高台などに印が捺されており、生涯使用した印を捺し「印尽し」となっている。隠居後の作品。

黒樂茶碗　銘大空
内箱蓋裏「数印　慶入作黒茶碗　銘大空　左(花押)」惺斎宗左筆
外箱蓋表「慶入作　印尽黒茶碗　十二代　吉左衛門(印)證」弘入筆
外箱蓋裏「草樂印　紀州御庭焼用　雲亭印　本願寺拝領印　但廬山焼用　天下一印　常慶年忌用(印)」弘入筆
高さ8.1　口径10.8　高台径5.1cm
腰に角度をつけ、箆で面をとったかのような姿をしており力強い。光沢感のある黒釉がかけられ、ところどころ黄ハゲとなった部分に、慶入が今まで使った印7つが捺されている。高台脇には、「八十二翁造」と箆彫りされている。弘入の極書付に使用の3印が記されているが、この外に「白樂印」(隠居印)、「十一代喜貫角印」、「董其昌印」(中印)、「蜘蛛巣印」(前印)、「常慶250年忌印」(草書体)が使用されている。樂家旧蔵。

11代 慶入

掛分黒樂茶碗
共箱蓋裏「飛驒国鹿島山鉱石以焼之　樂慶入(隠居印)」慶入筆
高さ6.8　口径10.4　高台径3.8cm
掛分(かけわけ)の釉技は黒釉と白釉など、釉色の対比を強調するものが多い。この茶碗の掛分は、2種類の黒釉によるもので、飛驒国鹿島山鉱石を加えたやや薄めの黒釉と、艶やかな漆黒の黒釉とによってかけ分けている。一見すると普通の黒釉に見えるが、よく見ると質感の違いやわずかな色目の違いなど、掛分の面白さが見えてくる。なかなか粋なはからいといえよう。全体に薄作りで小振りだが、慶入らしい造形の確かさがうかがえる自由な作品となっている。樂家旧蔵。

赤樂茶碗
内箱蓋表「赤茶碗　吉左衛門作　左(花押)」碌々斎宗左筆
高さ7.8　口径10.3　高台径5.1cm
安政元年から明治4年まで使用した中印が捺されているところから、慶入38歳から55歳の間の作といえる。全体にさまざまな篦を入れ表現の厚みを出しているが、特に大きな個性は感じられず、むしろ率直な作振りであり、おそらく中印時代でも比較的早い頃の作と考えられる。黄土が刷毛目状に塗られ、鮮やかな赤色と黒い火変わりのバランスが深みを増している。樂家旧蔵。

11代 慶入

貝貼浮文白樂茶碗　銘潮干
弘入極書付
高さ7.4　口径11.7　高台径4.9cm
見込を覗くと、粘土で浮き彫りにした3つの小さな二枚貝と小石があしらわれている。釉を薄くかけ、茶溜まりあたりを広く土見せとし、砂浜をイメージさせる。茶が点てられたときにはこの貝は見せず、茶を飲み干すと、まるで潮が引くように貝が現れる面白い趣向。白土にわずかに緑がかった透明釉がかかり、胴部には篦目が入り、初夏の趣を感じさせる。高台の作行きも力強い。樂家旧蔵。

粟田焼編笠手茶碗
共箱蓋表「粟田焼刷毛目写茶碗　樂慶入(隠居印)」慶入筆
高さ6.2　口径13.2　高台径3.4cm
大きく歪ませた形が編笠に似ているところから編笠手といわれるもので、さまざまな窯で制作されている。小振りで、手捏ねではなく轆轤(ろくろ)により成形されている。土はよく焼き締まり、部分的に刻された篦跡や、小さな高台はしっかりと彫り込まれ力強い。見込と胴部にあっさりと白土刷毛目が施されている。京都・粟田の土、粟田の窯で焼かれている。樂家旧蔵。

露山焼茶碗
共箱蓋表「露山焼茶碗」慶入筆
共箱蓋裏「(雲亭印)十一代慶入」慶入筆
高さ5.8　口径11.8　高台径4.4cm
高台には「雲亭印」があり、その脇に「以露山土造之」と彫られている。高台土見せ部分には赤褐色に焼き締まった胎土がうかがえる。そこからもわかるように、この茶碗は西本願寺御庭焼「露山窯」で制作され、露山の土を用い轆轤成形によりつくられている。釉は還元・焼成の炎を受けてグレー色に焼き上がり、部分的に斑のような、自然な変化があり、樂焼とはまた異なった良さがある。樂家旧蔵。

11代 慶入

瓜之絵八角食籠　個人蔵
高さ17.5　径21.6cm

蓋甲に瓜の絵が描かれた八角形の2段重ね食籠。緑釉を基本に金彩が施してあり、幾何学的な形の中に緑釉の釉調が柔らかく、瓜の絵と金彩が華やかさを演出している。全体に薄く精緻な作行きで、上下合わさる部分もほとんど狂いを感じさせない。

11代 慶入

地土釉釣瓶水指
共箱蓋表「釣瓶水指　樂吉左衞門(中印)」慶入筆
高さ20.7　胴径18.4　底径9.7cm
白土に透明釉がかけられ、やや黄色味を帯び、赤樂焼成の窯の中で炎と融合し灰色の窯変が現れている。釣瓶の手が中央に通り、前後2枚に分かれる塗の割蓋が添う、瀟洒な釣瓶形水指。樂家旧蔵。

鵞鳥大香炉
高さ38.0　長径50.5cm

樂焼最大級の大きさであるこの香炉は、実に写実的で生命感にあふれている。実際に慶入が鵞鳥（がちょう）を数ヶ月飼いならし、対象と対峙して制作した背景がある。胴部内側を大きく刳（く）り貫き、さらに鵞鳥の首、口へと刳り貫いている。樂家旧蔵。

尉姥香合
尉：高さ13.9cm　姥：高さ9.9cm

謡曲の「高砂」を主題とした、尉（じょう）と姥（うば）の香合。細やかな頭部に能面をつけ、熊手と箒という細部に至るまで緻密である。樂焼で使用する色釉を駆使し、細やかな彩色も見られる。姥の裏に「七十二翁　慶入造」、尉の裏に「明治二十二年一月　吉辰日（隠居印）造」と釘彫りされている。樂家旧蔵。

釘隠
さまざまな貝をモチーフにした作品。中には本物の貝と見間違えるほどつくり込まれているものもあり、釉も赤と黒だけではなく、モチーフによって異なる色樂釉がかけられている。おそらく注文品だろう、非常にモダンでユニーク、遊び心にあふれている。釘隠（くぎかくし）としてどのような建物に使用されたのであろうか、興味をそそるものがある。樂家旧蔵。

11代 慶入

12代 弘入

こうにゅう

1857（安政4年）　慶入の長男として生まれる。
1871（明治4年）　12代吉左衞門を襲名。
1890（明治23年）　慶入とともに長次郎300回忌を営み、記念に赤茶碗300個をつくる。
1919（大正8年）　剃髪隠居し、弘入と号す。
1932（昭和7年）　没。享年76歳。

八樂印（石川丈山筆）

拝領印（伏見宮貞愛親王筆）

家祖年忌記念の草樂印（碌々斎筆）

十二代喜長角印

隠居印（徳川頼倫筆）

12代 弘入

11代慶入の長男として生まれる。初名小三郎、のち惣治郎、諱を喜長という。15歳で家督を継承し、63歳で長男・惺入に家督を譲り隠居、76歳で生涯を終える。弘入は、温厚な人柄で、また樂家存続のために力を尽くしたといわれている。俳諧をたしなみ、特に隠居後は、滋賀県石山別邸に隠棲し、作陶の傍ら風流を楽しんだ。「土いじり七十六年の秋暮るる」「時も来て姿かへはや鶴子柿」（剃髪の日に）などといった多くの句が残っている。いずれも率直な気持ちや、近江湖南の風景をそのまま詠んだもので、弘入の好々爺たる素朴な人柄がうかがわれる。

弘入も父・慶入と同じく、明治維新前後の茶道が衰退した時期を過ごしているため、特に、代を継いだばかりの20歳前後の時期は、樂茶碗の制作依頼も少なく苦労の日々を過ごした。そうした事情も反映し、弘入が作品を実際に世に出すのは25歳頃からであったようだ。茶道は「乱」を取得している。

明治23年、34歳の時、父・慶入とともに長次郎の300回忌を行い、赤茶碗300碗を制作している。この頃を境に茶道界に活気が戻り始めたようである。弘入においてもこの頃から晩年にかけて、旺盛な作陶活動が営まれ、さらに晩年の隠居後も創作は衰えず、作品の数も多い。

弘入の作風は、生涯にわたり大きな変化はないものの、9代了入の見せた篦による造形を継承し、弘入らしい多彩な篦使いを見せている。また温厚な性格ゆえか、丸みをもった温和なおとなしい作行きのものが多く、そこに弘入独特の変化に富んだ篦を刻みつけている。茶の湯停滞期ということもあり、総体的に小振りである。釉調は、光沢ある黒樂釉を使っており、幕釉をかけ合わせ、流れた幕釉の端には白く蛇蝎釉も垣間見られる。また、黄味を帯びた透明釉「黄ハゲ釉」を併用し、数個の印を散らして捺す「数印」などの技法も取り入れ装飾的効果を強めている。赤樂釉は、焼成中の酸化と還元による火変わりや窯変の変化が面白い。

吉左衛門時代は石川丈山筆の「八樂印」と呼ばれる樂印、34歳の時に長次郎300回忌に際し300個の茶碗を父とともにつくり、その時使った表千家11代碌々斎筆による草書体の樂印、隠居後は徳川頼倫侯筆の「隠居印」、他に伏見宮御用命の時に使用した伏見宮貞愛親王筆の樂印や、西本願寺からの拝領印「澆花印」などを用いた。

代表作に、妻・寿賀に贈ったといわれる三日月之絵黒樂茶碗「寿賀」、長次郎300回忌につくった赤樂茶碗「亀背」「楓錦」など。

三日月之絵黒樂茶碗　銘寿賀
共箱蓋表「三ヶ月之絵　黒茶盌」弘入筆　底に「樂吉左衛門(印)」
高さ8.0　口径10.9　高台径4.7cm
弘入茶碗に典型的な丸い姿、おとなしい作行きである。全体には黒釉の上に幕釉がかけられ、重なり合う流れの端に蛇褐釉が線を引くように白く現れ、見込には月の形に釉がかけはずされている。まるで、漆黒の闇に雲が流れ、月が現れるかのような風情ある趣を感じる。「寿賀」という銘は弘入の妻の名前で、弘入自身から妻に贈った茶碗。高台脇に「八樂印」、隠居前の作である。樂家旧蔵。

黒樂平茶碗　銘漁舟
内箱蓋裏「弘入作　数印　黒平　漁舟　左(花押)」即中斎宗左筆
高さ5.6　口径12.9　高台径6.1cm
弘入としては箆目も少なく穏やかな作振り、全体に薄く削られ、口部の起伏も静かである。高台脇に「八樂印」、見込内に「家祖年忌記念の印」が捺されている。また、高台脇土見せ部分に「庚とら焼」と彫られている。庚寅(かのえとら)年は明治23年(1890)で、長次郎300回忌の時に制作された。全体には黒樂釉がかけられているが、一部黄ハゲ釉で黒の中に間をつくり、絶妙な景色としている。樂家旧蔵。

12代 弘入

赤樂茶碗　家祖年忌

共箱蓋表「赤茶盌　(樂印)（十二代喜長角印）」弘入筆
共箱蓋裏「長次郎三百年忌造之　庚とら秋　十二代吉左衞門（年忌印）喜長」弘入筆
高さ8.3　口径10.2　高台径5.1cm

長次郎300回忌に際して制作された300碗のうちの1碗。樂家に残されたもので、作行きもことのほかすばらしい。弘入らしい変化に富んださまざまな篦使いも見られる。釉薬、焼き上がりも変化に富み、火変わりによる、赤と黒の色調の対比が面白く、その上に白濁した白釉が厚く流れていっそう多彩な景色となっている。高台脇に「十二代造（花押）」と釘彫りされている。弘入を代表する1碗といえるであろう。樂家旧蔵。

赤樂茶碗　銘亀背

高さ6.9　口径12.2　高台径4.8cm

横篦や飛び鉋（かんな）風な篦目を巧みに操り、姿は丸みを帯びている。それはまるで、亀の丸まった甲羅のようであり、この銘がつけられたのであろう。温和な姿に変化のある篦と、弘入独特の作行きが見られる。全体に柔らかな赤色で、火変わりによる黒味など強い明暗はなく、わずかに白濁した部分が見られ、明るく淡い色調となっている。高台内に「八樂印」が捺されている。書付は表千家13代即中斎筆。樂家旧蔵。

12代
弘入

赤樂茶碗　銘楓錦
内箱蓋裏「弘入赤　銘　楓錦　左(花押)」即中斎宗左筆
高さ8.0　口径11.9　高台径4.2cm
小さな高台から丸みを帯びて立ち上がり、胴部に横箆を二箆まわし、装飾的な効果を求めている。口部は五岳となっている。弘入独特のやや橙がかった赤色の中に、火変わりによる変化が鮮明に現れている。高台脇に「八樂印」が捺されている。樂家旧蔵。

高砂之絵赤樂茶碗
共箱蓋表「高砂之絵　赤茶盌　樂吉左衛門(八樂印)」弘入筆
共箱蓋裏「我等銀婚式之節造ル　数ノ内　喜長(花押)」弘入筆
高さ8.2　口径10.7　高台径5.0cm
弘入が銀婚式の時につくり、子・惺入が高砂の尉姥の熊手と箒の絵を描いた作品である。数茶碗として数点つくった中の1つで、とりわけ大きな作為は感じられないが、絵が全体を締めており、ほのぼのとした親子合作である。高台内は陽刻の樂印、見込内には陰刻の樂印が捺されている。樂家旧蔵。

12代
弘入

189

香炉釉祖母懐四方水指

内箱蓋裏「吉左衞門作　傳来　祖母懐水指うつし　左(花押)　辛亥年」惺斎宗左筆
高さ20.7　胴径14.7cm

幾何学的な形が合わさり、モダンな造形である。この形は、古く中国宋時代の青磁などにある。この水指の直接的な本歌は青磁琮形(そうがた)瓶で、紀州家に伝来したものである。祖母懐(そぼかい)は愛知県瀬戸市の地名で、そこに産する土をもって制作された。香炉釉も美しく、均整がとれた作品である。樂家旧蔵。

12代 弘入

大津絵汲出茶碗 十客之内
高さ4.9　口径8.1　高台径4.0cm
1つ1つ異なった民画の大津絵を軽妙な筆運びで描き、刷毛目白化粧を施している。高台脇に「於
　湖南造」とあり、石山の別邸で制作されたものであることがわかる。隠居後の風流、遊び心をく
すぐる粋な作品である。樂家旧蔵。

13代 惺入
せいにゅう

1887（明治20年）　弘入の長男として生まれる。
1919（大正 8 年）　13代吉左衞門を襲名。
1935（昭和10年）　『茶道せゝらぎ』発刊。
1941（昭和16年）　長次郎350回忌を営む。
1944（昭和19年）　没。享年58歳。

大印

小印

十三代喜英角印

13代 惺入

　12代弘入の長男として生まれる。初名惣吉、諱は喜英、号を雙橘という。大正8年、弘入の隠居にともない33歳で家督を継承する。昭和19年、隠居せぬまま58歳で亡くなる。惺入は茶道をこよなく愛しており、茶道文化の繁栄に尽力していた。中でも昭和10年から昭和17年に発行した『茶道せゝらぎ』という茶道研究誌は、茶道研究・啓蒙にとって当時画期的な試みであり、現在においても、その研究内容や資料の重要性は未だ高い評価を受けている。また、千家十職の筆頭として茶道を盛り立て、みずからも毎月6日、長次郎の逮夜に月釜をかけており、亡くなる2日前も釜をかけていたほどである。茶道の他に書や俳句、絵、能も好み、特に漢学は寺西乾山について学んでおり、みずからつくった漢詩などの書を残している。また、西洋美術への興味もあり、フランスへ遊学することが夢であったと伝えられ、独学でフランス語を学んでいたという。実直で生真面目、厳格な意志によって茶道界の発展に尽力し、特に表千家12代惺斎とは大変親しい間柄で、惺入の「惺」は惺斎から贈られた。

　惺入の生きた時代もまた厳しい時代であった。慶入、弘入と少しずつ時代が移りゆき、茶道界も活気を帯びてきてはいたが、第1次世界大戦、第2次世界大戦と相次いで大きな戦争が起こり、晩年は窯を焚く炭も調達できない状態であった。昭和16年には長男喜慶(覚入)が第2次世界大戦に招集され満州に従軍、惺入は覚入の帰りを待たず亡くなってしまうが、こうした混乱と苦難の時代に惺入は樂焼の伝統を守り、次代に受け渡す重要な役割を果たしたといえる。

　作風は惺入自身の真面目な性格がうかがえるようで、長次郎から始まった樂茶碗の伝統的な様式を堅守している。個性的で変化に富んだ作行きこそあまり見られないが、伝統的な樂茶碗の姿から、みずからの表現を打ち出している。特にそれは釉薬の研究に現れ、各地の鉱石を採取して実験を繰り返した。その成果が新たな釉調となり残っている作品が多くある。黒樂茶碗「荒磯」に見られる独特な蛇褐釉、三井鹿島鉱山の鉱石を使った鉱石釉、また焼貫の焼成法を用いた花入などがその代表的な例である。惺入はただ保守的に、守りに入っていたわけではなく、新たな試みを行い伝統の領域に一石を投ずべく努力したのである。茶碗以外にも、水指、花入、向付などさまざまな茶道具作品、また寿老人像、天神像(菅原道真像)などの置物にも意欲的に取り組んだ。代表作に、黒樂茶碗「荒磯」「若草」、香炉釉兎手焙りなど。

黒樂茶碗　銘荒磯
内箱蓋裏「惺入作　黒茶碗　荒磯ト号　左(花押)」即中斎宗左筆
高さ7.4　口径11.6　高台径5.0cm
惺入らしい、真面目さが伝わるおとなしい姿に、荒々しい磯を思い浮かべるような蛇褐釉が、腰まわりに白く現れている。道入の頃から蛇褐釉は使われていたが、惺入は釉の実験を繰り返し、新たな蛇褐釉を生み出した。樂家旧蔵。

黒樂茶碗　銘若草
内箱蓋裏「惺入作　黒茶碗　銘　若草　左(花押)」即中斎宗左筆
高さ7.8　口径11.9　高台径5.1cm
腰を張らせ胴を少し締め、口部にかけて広がりをもたせている。鮮やかな草緑色の釉は、灰釉と鉱石釉をかけ合わせたようで、黒釉との響き合いが瑞々しく、清新な景色を生み出している。惺入は「荒磯」にも見られるように釉薬の研究に熱心であった。高台脇に印。樂家旧蔵。

13代惺入

赤樂茶碗　惣吉造

共箱蓋表「赤茶碗　樂惣吉造(花押)」惺入筆
高さ7.3　口径10.5　高台径4.4cm

惺入は33歳で吉左衞門を継ぐ。従って、惣吉時代は歴代中で最も長い。本作は惺入の惣吉時代のいつ頃のものか判然としないが、小振りでかわいらしく若さあふれる初々しい作行きは、比較的若い時期のものと思われる。篦(へら)による造形が全体を覆い、高台や立ち上がる姿など、真面目な作行きである。樂家旧蔵。

宝珠之絵赤樂馬上盃形茶碗

高さ10.7　口径11.2　高台径6.0cm

宝珠の絵が正面に描かれ、高台にも宝珠が透かし彫りにされている。高台は特殊な姿で、いわゆる馬上盃(ばじょうはい)の様式を取っている。この馬上盃の馬と宝珠の意匠をかけて初午の神事に因み、別名「初午茶碗」ともいわれている。馬上盃とは盃の一種で、馬上で片手で盃を持つため高台や底部が細く伸びた姿のものである。樂家旧蔵。

13代
惺入

八景絵象耳花入

高さ33.7　胴径17.6　底径12.3cm

中国の洞庭湖(どうていこ)の、瀟水と湘江の合流するあたりを瀟湘(しょうしょう)といい、古来、風光明媚な地帯として知られ八景として漢詩などに詠まれている。それに因んで「近江八景」や「金沢八景」が日本で選定され、これは「近江八景」の琵琶湖畔の景色を惺入が描いたものである。惺入は造形だけでなく絵にも精通していた。形は梔子(くちなし)の実に因んだもの。樂家旧蔵。

13代 惺入

焼貫花入　銘養老

内箱蓋裏「惺入作　伊賀写　耳付花入　銘養老　左」即中斎宗左筆
高さ23.6　口径10.7　底径13.5cm

伊賀焼を模して、樂家における焼貫の技法によりつくられた花入。黒樂窯の中に1つ入れられ、鞴(ふいご)を吹き上げ焼き貫かれたこの花入は、窯変による自然と作為が絡み合い、強い作品となっている。胴には、朱塗で「養老」と表千家13代即中斎の花押が書かれている。

香炉釉糸目耳付水指
高さ18.2　口径12.2　底径11.3cm
樂家では、精巧につくられた水指など茶碗以外の作品も手捏ねでつくっている。この水指は、細い横箆を丹念に入れ、装飾的な表現と香炉釉による細かな貫入の面白さが味わい深く、また手捏ねでつくられたとは思えない均整のとれた造形をしている。樂家旧蔵。

13代惺入

布袋香炉
内箱蓋裏「吉左衞門作　布袋　香炉　左(花押)」即中斎宗左筆
高さ25.8　長径21.6cm
大きな袋の上に、腹を突き出し、ゆったりと円満な表情の布袋の彫刻が乗っている。顔のえくぼまで細かく造形されている。袋となっている香炉の胴部は、備前の火襷(ひだすき)にも似た火色を呈し、その造形と合わせて惺入のこだわりが垣間見える。樂家旧蔵。

14代 覚入
かくにゅう

1918(大正7年)	惺入の長男として生まれる。
1940(昭和15年)	東京美術学校(現、東京藝術大学)彫刻科卒業。
1941(昭和16年)	第2次世界大戦に従軍。
1945(昭和20年)	戦地より帰国、14代吉左衛門を襲名。
1954(昭和29年)	高松宮喜久子妃殿下より「樂」字を賜う。
1977(昭和52年)	財団法人樂美術館を設立。
1978(昭和53年)	文化庁より無形文化財技術保持者の認定を受ける。財団法人樂美術館開館。
1980(昭和55年)	5月6日、63歳で病没。

拝領印(高松宮妃殿下筆) 大

拝領印(高松宮妃殿下筆) 小

14代 覚入

13代惺入の長男として生まれる。初名喜慶、のちに惣吉と改めている。諱は初名と同じ。昭和15年、東京美術学校(現在の東京藝術大学)の彫刻科を卒業。その後、第2次世界大戦に従軍、満州(中国東北地方)に向かう。昭和20年、終戦にともない帰国するが、父・惺入は1年前にすでに他界しており、同年、28歳で吉左衞門を継承する。覚入は帰国後樂家を立て直し、文字通り1人で作陶を始めなければならなかった。覚入がみずからの特色を発揮するのは昭和30年に入ってからと思われる。代表作の黒樂茶碗「林鐘」は34年の制作である。その後昭和39年、永樂善五郎(即全)との二人展を始まりに、48年には初個展、50年には三輪休和、中里無庵との三人展「一楽二萩三唐津」などをひらき、モダンで造形的な作品を発表、評価を得る。また昭和51年に樂焼の普及や保持のために、樂家に伝来した樂家歴代の作品や資料をすべて寄贈、「財団法人樂美術館」の設立準備を始めた。2年の建設期間を経て53年に樂美術館は開館、同年文化庁より記録を保存すべき無形文化財技術保持者に認定された。しかし度重なる疲労と心身の酷使により、昭和51年に心筋梗塞を起こし、55年に肺癌で63歳の命を閉じた。

終戦後に作陶を始めた覚入は、東京美術学校で彫刻を学び、そこから立体を創造するという在り方や意識、彫刻がもつ造形力を学んだことが糧となり、新たな樂茶碗の世界を導き出した。それは覚入自身の言葉、「伝統とは決して踏襲ではない。己の時代に生き、己の世界を築き上げねばならない」にもあるように、単なる様式の模倣や、写し、復興ではなく、その時代に生まれた証し、今という時代を生きているからこそ生まれるみずからの意識をぶつけることであった。覚入の作陶は一言でいえば、樂焼の伝統様式のうえに、現代のモダンを融合させ新たな段階へと樂茶碗を再構築することであったのではないだろうか。まさに現代と伝統の融合である。覚入は道入の作風を好んだが、それは覚入のモダンさの中に見ることができる。彫刻にも共通する篦による造形は、思わせぶりな味を求めた表面的な遊び篦は見られず、しっかりと茶碗の骨格を構築的に捉えている。特にモダンな作為は赤茶碗に多く見られ、現代の感覚でさまざまな釉によりかけ分けられた茶碗や、窯の火を工夫して生み出したモダンな窯変や斑、火変わりの景色など、今までにない新たな樂茶碗の造形となっている。また茶碗以外の茶道具にも、モダンな作品が見られる。

代表作に、黒樂茶碗「林鐘」、黒樂平茶碗「潮騒」、赤樂茶碗「樹映」「杉木立」「綵衣」「秋の山路」、緑釉栄螺水指など。

黒樂茶碗　銘林鐘

共箱蓋裏「吉左衞門作　黒茶碗　銘　林鐘　左(花押)」即中斎宗左筆
高さ8.9　口径11.4　高台径5.4cm

波によって削られた岩壁にも見られるように、削るという行為には力強さが備わっている。この茶碗の造形は潔い面取り篦によって特色付けられている。腰の立ち上がりからきりっと内側に抱え込む口部まで、縦に一貫した構築性が見られ、緊張感を生んでいる。また、幕釉が美しく、やや茶味を帯びて細かに煮えを生じ、流下した釉端にうっすらと白い蛇褐釉が現れている。覚入42歳の作、代表作の1碗である。

黒樂茶碗　銘無位

高さ9.1　口径11.0　高台径5.2cm

黒樂茶碗「林鐘」と同じ時の窯で焼かれたもので、こちらは全体に丸みを帯び、樂茶碗の典型的な姿をしている。柔らかさの中に構築的な力強さが見られ、そこから生まれる凛とした表情に新たな造形を感じる。釉調も「林鐘」同様に、幕釉に2段の変化が微妙に現れ、蛇褐釉も合わさり清閑な釉景色となっている。覚入42歳の作。

14代 覚入

黒樂平茶碗　銘潮騒

内箱書付「覚入作　黒平茶碗　銘　潮騒　左(花押)」而妙斎宗左筆
高さ6.4　口径14.5　高台径6.3cm

覚入は馬盥(ばたらい)形の豪放な平茶碗を好んでいた。人はそれぞれ、縦と横、あるいは斜めといった美意識の方向性をもっているのではないだろうか。この浅い背丈に大きく武張った腰、力強い箆による造形は、覚入の美の志向を端的に表している。反面が酸化焼成気味で茶色味を帯び、反面は光沢黒で、炎による自然な掛分の景色となっている。昭和46年、覚入54歳の作。

富士之絵黒樂茶碗　銘晨明

高さ9.1　口径11.3　高台径5.7cm

富士の絵をわずかな薄肉に削り出し、細かな箆を加えている。黒釉はやや流下性のある艶やかな光沢釉で、富士の部分をかけはずし、代わりにごく薄くした灰釉をかけている。「晨明」とは、夜明け前の時刻のことを指し、漆黒の空に富士がくっきりと浮かび上がる。同じく富士の絵が描かれた赤樂茶碗「旦明」と「朏明」とともに、3連作「富岳三景」として覚入の没後に編纂された。昭和37年、覚入45歳の作。

14代覚入

富士之絵赤樂茶碗　銘旦明
高さ8.9　口径11.3　高台径5.6cm
富士の絵を胴部中央に薄肉で浮き彫りにしている。富士には白化粧を施し、地の部分には黄土による化粧を施している。赤樂の地にきっぱりと白く富士が冴え、堂々とした趣である。「富岳三景」3連作の1碗。「旦明」は、夜の闇が完全に明け、すべてを照らす新たな光が満ちあふれる朝の時刻のことを示す。昭和38年、覚入46歳の作。

富士之絵赤樂茶碗　銘朏明
高さ8.8　口径11.7　高台径5.1cm
富士の絵をうっすらと陰刻で表している。「晨明」「旦明」とは異なり、緩やかな連山風に描いている。富士の部分は黄土化粧の濃淡により富士の朝焼けの情景を表し、地の部分は黄土による赤樂で仕上げている。総体に穏やかな趣が感じられる。「富岳三景」3連作の1碗。「朏明（ひめい）」は夜がまさに明けようとする時刻のことで、ほの明るくなった空のもと、浮かび上がる赤富士である。刻々と変化していく富士の姿が、情緒豊かに表現されている。昭和43年、覚入51歳の作。

白刷毛目赤樂茶碗　銘曉楸
高さ8.7　口径11.2　高台径5.3cm
モダンな1碗。覚入は、時代性とともに現代のモダニズムを追求した。この茶碗は、黄土による化粧がけをリズミカルにかけはずし、胎土の白土を部分的に見せ、斬新な表現となっている。見込内は、黒味がかっているが、そこに赤い斑が出て華やかな景色である。「曉楸」は、春に燃えるような赤い芽を出す赤芽柏の意。

14代覚入

赤樂茶碗　銘秋の山路

内箱書付「吉左衛門作　赤　銘　秋の山路　左(花押)」即中斎宗左筆

高さ8.4　口径11.5　高台径4.8cm

体格も大きく、器の大きい人柄であった覚入。本作はまるで覚入自身を表すようである。小さく締まった高台から、豊かに張り出すように立ち上がっている。大振りでどっしりとした趣。釉はやや砂を混ぜた覚入独特の砂釉で、火変わりの景色が鮮やかである。覚入の代表作の1碗ではないだろうか。昭和44年、覚入52歳の作。

赤樂茶碗　銘樹映

共箱書付「吉左衛門作　赤　樹映　左(花押)」即中斎宗左筆

高さ9.7　口径11.7　高台径5.6cm

腰を低く構え、箆により面取りされた姿は彫刻にも通じる造形性を感じさせる。酸化と還元による火変わりや窯変が交互に現れ、コントラストが美しい作品。すっきりとした姿とモダンな釉景色に現代的な趣を感じる。昭和50年の作で、覚入58歳、まさに円熟期、代表作の1つである。

赤樂茶碗　銘連山

内箱書付「覚入造　砂釉　赤茶盌　連山　室(花押)」鵬雲斎宗室筆

高さ9.0　口径11.3　高台径5.5cm

細かな砂釉により、心地よいざらざらした感触が手に吸いついてくる。面取りされた、箆による造形は強さを感じさせ、見込の中ほどにも一周太く箆をまわし、変化をつけている。火変わりの明暗とともに、角度によりさまざまな景色を生んでいる。

14代覚入

色釉流水文赤樂平茶碗　銘綵衣
高さ5.6　口径13.7　高台径5.8cm

まるで十二単のように色鮮やか。伝統的な馬盥といわれる形の平茶碗の中に、さまざまな釉がかけ分けられ流水文様となっている。これまでには見られない赤樂茶碗の意匠、覚入ならではのモダンへの挑戦。天の川の織姫の織る綾織に見立て、覚入の妻・妙如が名付けた。昭和38年、覚入46歳の作。

真砂釉栄螺水指
高さ15.2　長径24.5cm

ゆったりと大きく大胆で、かつ細部にまで行き届いた写実性、彫刻的要素をもつモダンな作品である。覚入は、この大きな栄螺（さざえ）形を好んでいたようで、1つ1つ手捏ねでつくり、細い足で支えているところなども手が込んでいる。この真砂釉をかけている作品の他にも数点制作している。樂美術館にも形を違えた緑釉のかかる鮮やかな栄螺水指がもう1点収蔵されている。昭和32年、覚入40歳の作。

14代覚人

焼貫烏帽子箱形四方水指
高さ16.0　口径15.2　底径15.0cm
黒樂より高温で焼成される焼貫の技法。鞴(ふいご)からの風で激しく燃焼する備長炭の中で炎に焼き締められ、生まれた姿は、覚入の構築的な造形や箆による表現と、黄土化粧や部分的にかけられた釉とが合わさり、より複雑な変化をもった力強い作品となっている。昭和53年、覚入61歳の作。

14代 覚入

翁面
上下17.5　左右15.9cm
このような翁面の制作は珍しく、精巧な作行きがうかがわれる。また、この作品は千家十職が制作に携わっており、髪は飛来一閑、金具は中川浄益、紐は土田友湖である。数点つくられたようで、個人蔵のものは中村宗哲の面箱が添っている。この面は樂家に参考のために残されたもの。

15代 吉左衞門
きちざえもん

1949(昭和24年)	覚入の長男として生まれる。
1973(昭和48年)	東京藝術大学彫刻科卒業後、イタリア留学。
1981(昭和56年)	15代吉左衞門を襲名。
1983(昭和58年)	襲名記念初個展を開催。
1988(昭和63年)	長次郎400回忌を営む。
1997(平成9年)	イタリア、フランス、オランダで海外個展を開催。
2000(平成12年)	フランス政府より芸術・文化勲章シュヴァリエを受章。
2007(平成19年)	滋賀・佐川美術館に樂吉左衞門館が開館し、館ならびに現代茶室を設計創案。
2012(平成24年)	襲名30周年を記念し、『ちゃわんや　二人の息子と若き人々へ』を出版。

15代 吉左衞門

14代覚入の長男として生まれる。幼名・光博、のち惣吉を名乗る。諱を喜光、俳号は閑浄。昭和48年、東京藝術大学彫刻科を卒業後、イタリアに留学しローマアカデミアで学ぶ。滞在中、ローマにて茶道の指導を野尻命子より受ける。昭和51年イタリアより帰国し、その4年後、覚入を亡くす。翌年、15代吉左衞門を襲名する。昭和58年の「襲名記念初個展」を皮切りに、平成2年には個展「天問」で焼貫による斬新かつ前衛的な樂茶碗・茶入を発表、茶の湯ならびに陶芸美術界に衝撃的な一石を投じる。平成9年には海外展「RAKU A Dynasty of Japanese Ceramists」をイタリア、フランス、オランダで開催し、ヨーロッパで初めて樂歴代を紹介、自作50点とともに展観する。国内外で評価は高く、平成12年にはフランス芸術・文化勲章シュヴァリエ(フランス政府)を受勲している。その他、プリンストン大学「ヴィジティング・フェローシップ」、日本陶磁協会賞に始まり、京都市芸術新人賞、京都府文化賞奨励賞、京都美術文化賞、日本陶磁協会金賞、MOA岡田茂吉賞ならびに同優秀賞、第1回織部賞、毎日芸術賞、京都府文化功労賞、京都市文化功労賞など、多数の賞を受けている。また、陶芸だけに留まらず、平成19年には滋賀県守山市にある佐川美術館に新たに設立された「樂吉左衞門館」の館ならびに茶室をみずから設計、第17回AACA賞(日本建築工芸美術協会)はじめ13の建築・デザイン賞を受賞する。

15代吉左衞門の、長次郎から始まった樂焼の伝統を継承しながら、そこに現代的表現を問い、みずからの表現領域を広げてゆく飽くなき制作姿勢は、若き藝術大学在学時代から今日まで一貫している。特に長次郎が「今焼茶碗」として時代に突きつけた破格な創造性に向き合い、現代を生きるみずからの探求と表現を求めてゆく。それは、そこに渦巻く日常と非日常、現在と過去、作為と無作為、実と虚、闇と光、生と死などの相反世界を超脱する方向へとみずからを覚醒させ、その意識世界の中に自己を問い続けなければならない当代吉左衞門の哲学によるものともいえる。そこから生まれる具象物、それはお茶を飲むための器でありながら、単なる道具世界を超えゆく造形であり、茶道の根源にある意識を表現するための茶碗なのである。

代表作に、赤樂茶碗「花仙」「常初花」、黒樂茶碗「秋菊」「三星在隅」、焼貫樂茶碗「白駱」、焼貫黒樂茶碗「我歌月徘徊」「吹馬」「砕動風鬼」「一犁雨」「渀雲に浮かんで」「巌上に濡洸あり」、礫釉樂茶碗「雪千片」「梨花」など。主な著作に『樂ってなんだろう』『茶室をつくった』『「ちゃわんや」『茶道具の世界　和物茶碗』『茶道具の世界　楽茶碗』(以上、淡交社)、『陶』(京都書院)、『日本の美術99』(共著、至文堂)、『光悦と道入』『父を語り、我を辿る』(以上、樂美術館)他。

赤樂茶碗　銘常初花
共箱蓋裏「赤　常初花　吉左衛門造　室（花押）」鵬雲斎宗室筆
高さ9.4　口径10.5　高台径4.8cm　1980年
襲名前・惣吉時代の作で、当時強い愛着をもったという光悦茶碗の影響を感じさせる。手の中に優しく包まれるようなこんもりと丸みを帯びた姿。ことに窯変を帯びた赤樂の釉景色が複雑で、暗灰色、赤色斑、桃色がかった赤色と変化に富んだ華やかな景色を生じている。本作は妻との婚約にあたり相手の両親に贈った茶碗という。

赤樂茶碗　銘花仙
共箱蓋裏「吉左衛門作　花仙　左（花押）」而妙斎宗左筆
高さ8.7　口径12.9－11.9cm　1983年
代を継いで間もない時の1碗、襲名披露初個展に出品された。光悦の「乙御前（おとごぜ）」の影響が色濃く感じられる。しかし、それは写しではなく、みずからの作為をもって、見事に昇華させている。高台は底部からめり込むように削り出され、底部に面取り箆（へら）が一箆、鮮やかである。胴から口にかけて豊かな張りと端反りが見られる。

焼貫樂茶碗　銘白駱
共箱
高さ10.0　口径11.7－11.1cm　1986年
焼貫という技法を使い、みずからをぶつけて燃焼させた初期の作品。陶土に作家が命を吹き込み、焼くという行為で自然と融合させる。この強く刻まれた箆跡碗を炎が受け入れたかのような調和を見せている。土肌を大胆に見せ、銅と灰釉を加えている。銘は『淮南子』「天問訓」より取られた。

15代吉左衞門

皪釉樂茶碗　銘雪千片
共箱
高さ9.9　口径12.5−11.9cm　1987年
まるで空間さえも斬ってしまいそうな篦の太刀筋。それは土との響き合いを楽しんでいるように思える。口部にかかった皪釉と名付けられた乳白色の釉が、積もった雪のような情景を見せる。

焼貫黒樂筒茶碗　銘我歌月徘徊
共箱
高さ11.4　口径11.1cm　1990年
我歌い行けば、月も従いついてくる。月夜の下、月は己と一緒にさまざまな表情を見せる。その月のように、この茶碗も、見る角度を変えると姿や釉景色に異なった表情を見せてくれる。モダンな銅釉による焼貫の地肌と黒釉、灰釉の異なる景色。個展「天問」に出品された作品。銘は李白「月下独酌　其一」より取られた。

15代 吉左衞門

221

焼貫黒樂茶碗　銘砕動風鬼
共箱蓋裏「砕動風鬼　（喜光印）吉左（花押）」吉左衞門筆
高さ9.1　口径15.4－10.8cm　1990年
激しさの中にあえて身を置き、己を見つめた。長次郎とは真反対の方向、装飾の彼方へ投げ出す。形は鬼なれども、心は人なる風体。世阿弥の「二曲三体人形図」から、その時の心情を銘に託して「砕動風鬼」と名付けたという。焼貫の技法で、しかも樂茶碗において初となる金彩、銀彩により装飾された1碗。

焼貫黒樂茶碗　銘吹馬
共箱蓋裏「西山日没東山昏　旋風吹馬馬踏雲　（喜光印）吉左（花押）」吉左衞門筆
高さ11.0　口径13.2－10.8cm　1993年
残照の光の中、まるで幽玄のかなたに走りゆく黒馬のように、この茶碗は、生まれて遠く長次郎から現在までを縦横無尽に走り抜けてゆく。強くもあり、弱くもある。あるいは、弱さも強さ、強さも弱さというのだろうか。激しい篦跡、斬新な釉がけに、焼貫の炎が陶土を焼く。李賀の詩「神絃曲」より銘されている。

15代 吉左衞門

223

焼貫黒樂茶碗　銘女媧
共箱
高さ10.1　口径13.2－10.0cm　1993年
焼貫の技法は黒樂の窯より高い温度で、備前における焼締のように炎との融合をはかる。この茶碗は、炎の中でみずからを限界まで燃やし、発狂する直前まで己を覚醒し続け、産声をあげたかのように感じさせる。李賀の詩「李憑箜篌引」から、太古の女神「女媧」とあるように強き1碗。

皹釉樂茶碗　銘梨花
共箱蓋裏「梨花　左（花押）」而妙斎宗左筆
高さ9.9－9.0　口径11.2－8.6　高台径4.5cm　1998年
樂家が伝えている手捏ね技法は他に類例がない。両手で包み込むように周囲から土を締め上げてゆく技法は、柔らかな手の姿を茶碗に写し込む。本作は手捏ねによる造形を最大限に生かした作品。胴の緩やかな丸み、口部に見られる緩やかな抱え込み、波打つような口造りも手捏ねならではの姿。皹釉が柔らかく窯変をきたし、美しい景色となっている。銘は蘇東坡「和孔蜜州東欄梨花」から取られている。

黒樂茶碗　銘秋菊
共箱蓋裏「秋菊有佳色　裏露掇其英　汎此忘憂物　遠我遺世情（喜光印）吉左（花押）」吉左衞門筆
高さ9.5－8.5　口径11.1　高台径6.0－5.5cm　2000年
いつの頃からか形式的な造形として成立した五岳、そんな形式ばったものは見られず、低く平らな腰から豊かに張り出す胴部、口はその動きを受け止めて大きくうねっている。部分的にかけはずされた黒釉に灰釉の萌葱色が鮮やか。黒樂の伝統的な規範の中で、どのような行為が新たな造形へ導くのだろう。銘は陶淵明「飲酒　其七」から取られている。

15代 吉左衞門

焼貫黒樂茶碗　銘渻雲に浮かんでⅠ

共箱蓋裏「渻雲は風を涵して谷間を巡る　悠々雲は濃藍の洸気を集めて浮上し　（喜光印）吉左（花押）」吉左衞門筆
高さ10.0　口径16.0－10.3　高台径4.1cm　2003年
利休、長次郎、道入、覚入、黒樂茶碗、赤樂茶碗、利休回帰、篦による装飾、焼貫の技法、香炉戸釉、白化粧、蛇褐釉など、さまざまなものとことが因果関係にあり、現在へと繋がっている。この碗もまた、その一つの結晶である。おおらかで豊か、それでいて激しく尖っている。自作詩「渻雲に浮かんで」からそのⅠ。

焼貫黒樂茶碗　銘巌上に濡洸ありⅢ

共箱蓋裏「巌裂は苔の露路　老いの根を噛み　（喜光印）吉左（花押）」吉左衞門筆
高さ11.3　口径14.3－9.3　高台径7.0cm　2004年
2005年の菊池寛実記念智美術館で開いた個展に、作者の自作詩とともに出展された。「白雲の中を登れば、巌急に迫り出して万仞　洸りのやや明かりをもって頂き近きを知る　雨滴は赤巌の肌を濡らし　巌裂は苔の露路　老いの根を噛み　幾条もの洸の道を雲根に刻む　ここに至り洸得るあるがごとく　輝かずして諸物を明かす」。詩を5作に分けて銘とする本作は第3句。

15代 吉左衞門

黒樂茶碗　銘三星在隅

共箱蓋裏「綢繆束薪　三星在天　今夕何夕　見此良人　子兮子兮　如此良人何　(喜光印)吉左(花押)」吉左衛門筆
高さ10.0　口径12.3　高台径6.3cm　2004年

緩やかなうねりをつけほぼ平らに削り取られた底部、きっかりとした腰に稜をつけ大きく張り出す胴部。口部の大きくうねるような動的表現。「秋菊」同様、当代吉左衛門の伝統的な規範に沿った作品ということができる。艶やかな黒釉と地肌の焼き締まった肌がモダン。三星の銘はその釉景色による。銘は『詩経』「綢繆」から取られている。

焼貫黒樂茶碗　銘 ·犂雨

共箱蓋裏「昨夜南山雲　雨到一犂外　泫然尋故潰　知我理荒薔　泥芹有宿根　一寸嗟獨在　雪芽何時動　(喜光印)吉左(花押)」吉左衛門筆
高さ11.7　口径14.5－9.0　高台径7.0cm　2005年

高台、腰、胴、口、見込、釉調など、その姿の中に、これほどまでに研ぎ澄まし、現代という時代をもって長次郎と対峙し、己をぶつけていった歴代はいるだろうか。いや、道入も宗入も皆、同じようにみずからを研ぎ澄ましていたに違いない。みずからの鎮魂を込めてつけられたのだろうか、蘇東坡の詩「東坡　其三」より一犂の雨、慈雨である。

15代 吉左衞門

焼貫茶入
共箱
高さ11.0cm　2009年
焼貫の技法でつくられた茶入。その造形は、自然にある石の如く、塊としての力強さを感じる。内から感じる造形の強さと、それを覆う現代的な色彩。それぞれが響き合い、1つの作品としてその存在感を放っている。

焼貫水指
個人蔵
共箱
高さ19.0　長径20.0cm　2005年
篦による面取りや横篦が鋭く造形を刻んでいる。まるで炎の中で焼き貫れた荒々しさが、そのまま表出したかのようにどっしりとした存在感を持っている。黄土を部分的に化粧がけし、一部に銅釉をかけ、総体に変化をつけている。当代吉左衛門の水指の中でも、とりわけ力強い作品。

15代吉左衞門

篤人（惣吉）あつんど（そうきち）

1981（昭和56年）	15代吉左衛門の長男として生まれる。
2008（平成20年）	東京造形大学・彫刻科卒業。
2009（平成21年）	京都市伝統産業技術者研修・陶磁器コース修了。
2010（平成22年）	イギリス留学。
2011（平成23年）	樂家にて作陶に入る。父より惣吉の花押を授かる。

篤人（惣吉）

赤樂茶碗　初造り
2011年　30歳
共箱
惣吉（代々の吉左衞門襲名以前の名）を名乗るに際し、初めて茶碗を制作する。

黒樂茶碗
共箱
高さ10.0　口径11.0　高台径6.0cm　2012年

黒樂茶碗
共箱
高さ9.0　口径10.0　高台径4.8cm　2012年
底に彫り名「惣吉造」

篤人（惣吉）

赤樂茶碗
共箱
高さ8.5　口径10.0　高台径4.5cm　2012年

赤樂茶碗
共箱
高さ8.5　口径13.0　高台径4.5cm　2012年

篤人（惣吉）

237

樂歴代の代表的な釉技

黒樂窯焼成関係

蛇褐釉（じゃかつぐすり）　流下する黒釉の釉端にむらむらと現れる白い釉。歴代によって線状、雲状などさまざまな現れ方に特色がある。蛇褐の名称は、その釉状を蛇鱗にたとえられて称される。3代道入に始まる。

道入作黒樂茶碗「残雪」 　　惺入作黒樂茶碗「荒磯」

幕釉（まくぐすり）　黒釉の二重がけによるもので、上部口縁に厚くかけられた比較的粘性の低い黒釉が焼成中に流下したもの。幔幕が垂れ下がった様子にたとえられて称される。3代道入に始まる。歴代それぞれが独自な趣を追求している。

道入作黒樂茶碗「木下」 　　当代吉左衞門作黒樂茶碗「秋菊」

朱釉（しゅぐすり）　黒釉に銅成分による赤い斑紋が混じり合う釉調。3代道入に見られるが、釉技として確立するのは4代一入による。

一入作黒樂茶碗「嘉辰」 　　篤人（惣吉）作黒樂茶碗

黄はげ釉（きはげぐすり）　黒釉に併用して用いる、微量の鉄分を含む透明釉、黄色くはげたように見えるところから称される。3代道入に始まる。11代慶入、12代弘入等が多用している。

道入作黒樂茶碗「青山」 　　慶入作黒樂茶碗「大空」

焼貫（やきぬき）　焼貫は釉技ではなく焼成法である。黒樂窯において、黒樂茶碗焼成よりさらに鞴を激しく吹き温度を上げ、焼き貫くという意味合いをもたせたもの。基本的には無釉、もしくは水薬程度の釉がけで土肌の窯変する味わいを追求したもの。4代一入に始まる。茶碗ではきわめて少なく、歴代は灰器、まれに水指などに用いた。当代吉左衞門は工夫を重ね茶碗に用いている。

一入作砂金袋焼貫水指「山川」 　　当代吉左衞門作焼貫樂茶碗「白駱」

赤樂窯焼成関係

香炉釉（こうろぐすり） 白釉に貫入が生じて独特の景色となる。2代常慶に始まる。名称は常慶が主に香炉にこの釉を多用したため、いつしか「香炉釉」と称されるようになった。

常慶作香炉釉井戸形茶碗

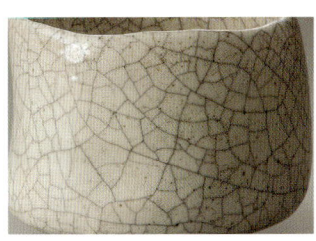

左入作白樂茶碗

飴釉（あめぐすり） 赤樂窯で焼かれる鉄釉。飴色であるところから称された。3代道入にも見られるが、4代一入によって確立された。但し、一入が金沢の大樋長左衛門（初代）の大樋焼開窯にあたり飴釉の秘伝を譲り与えたため、以後樂家では大樋家へ配慮し、信義を以て飴釉の茶碗は制作しない習わしを守っている。

宗入作飴釉大名水指

旦入作伊羅保写茶碗

砂釉（すなぐすり） 赤樂茶碗の透明釉に珪石などの細かな砂を加えたもの。半溶融の砂状のものが残り、ざらっとした肌触りとなる。3代道入に始まり、とりわけ覚入がよく用いている。

了入作赤樂茶碗

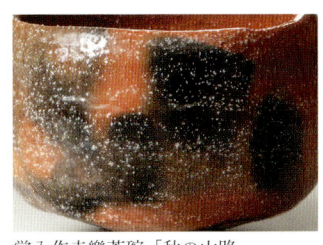

覚入作赤樂茶碗「秋の山路」

火変わり（ひがわり） 釉技ではなく赤樂焼成によって生じる黒からグレーがかった釉景色。燃料となる炭の炭化、くすぼりによるもの。14代覚入の赤樂茶碗は焼成法の工夫によって、赤樂との対比による美しい火変わりが出ている。

覚入赤樂茶碗「樹映」

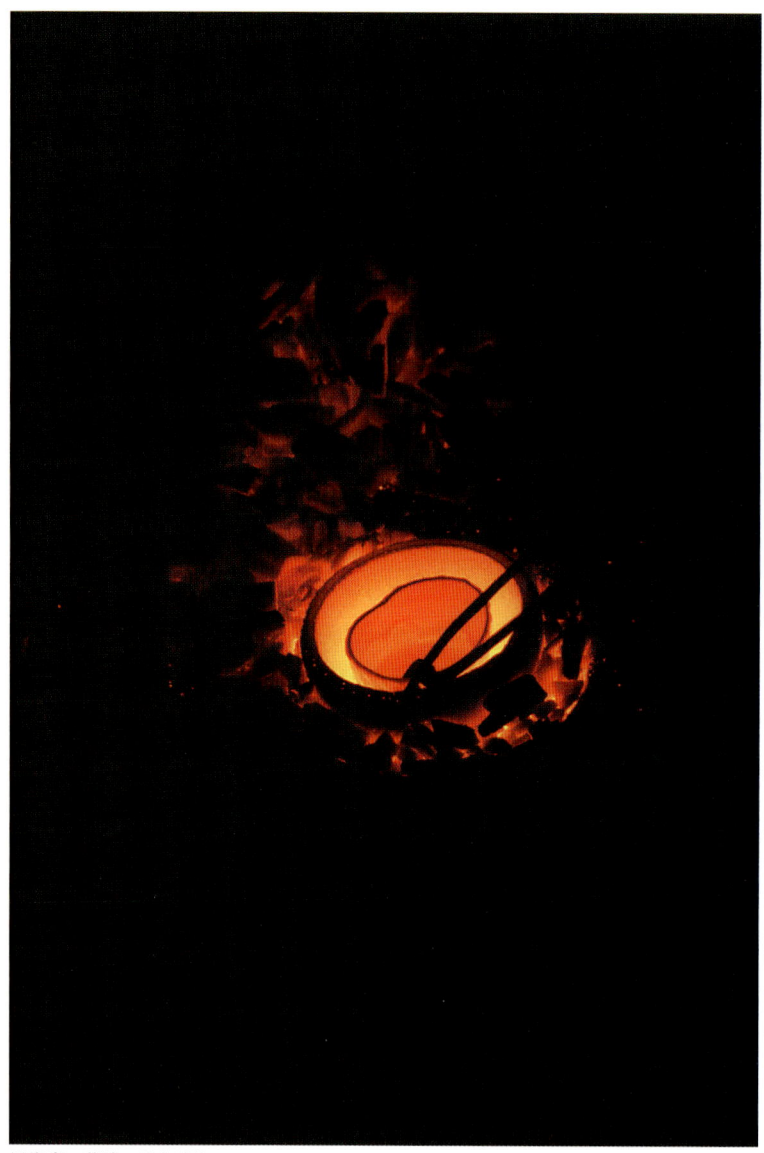

黒樂窯　茶碗の取り出し

総論 樂焼

文=樂 吉左衞門

樂焼概要 242
世界の"Raku" 242
樂焼のルーツ 243

樂茶碗の誕生 246
茶の湯のための茶碗 246
長次郎茶碗の成立 247
樂の名称の由来と「樂」印 249
長次郎焼茶碗 250

長次郎茶碗の特色 255
二彩獅子 255
長次郎茶碗と利休の侘び 260
私論 認識の彼方へ 長次郎とデュシャン 268

樂焼と樂家 273
長次郎と田中(樂家)一族 273
常慶以後の樂家 283
樂家の伝統「今焼の精神」 285
樂家と脇窯 287

樂焼の特色と技術 289
成形 手捏ねと削り 289
土 292
焼成と釉 293
軟質施釉陶としての樂焼 294
樂家の窯 296

樂燒概要

世界の〝Raku〟

　織豊時代、16世紀後半、日本の古都・京都ではじまった陶芸「樂焼」の名称は、今や日本の伝統陶芸であることを離れ〝Raku〟として、〝Sushi〟〝Manga〟などと同様、そのまま〝Universal language〟となって広く世界に通用している。それらは低火度で焼成するいささかインスタントな焼物技術の総称であって、焼成中の窯から引き出し、大鋸屑(おがくず)などで燻(いぶ)すハプニング的要素なども加わり、欧米各地で大人気、多くの愛好家、作家を育てている。しかし、樂焼が創始者長次郎によって茶の湯茶碗の制作として日本に始まったことや、その背後にある思想や歴史、日本独自な文化についてはほとんど知られていない。もちろん日本の伝統的な樂焼は、長次郎を家祖とする樂家によって、430年余の伝統技法を今に伝えているが、それらは、備長炭を燃料とする独特の内窯で、ガスや電気窯で低火度焼成するインスタントでイージーな焼物ではないし、また、焼成直後に煙で燻すこともない。日本の樂焼の技法が、どのような経路で西洋に伝わったのか、それを正確に辿ることはできないが、おそらく1960年代にかけて、アメリカで始められたと考えられる。それはさておき、日本国内においてすらも、樂焼の理解は決して広く行き渡っているとはいえない。茶の湯で使う赤茶碗と黒茶碗ということは知られていても、それらに影響を与えた千利休の侘茶の思想や、長次郎以来、樂家一族によって代々その伝統が受け継がれ今日あることなど、茶の湯社会をのぞけば詳しく知る人は多いとはいえない。むしろ「楽に」という言葉の意味によって、観光地で体験できる簡単な絵付陶器「らくやき」であると誤解されていることのほうが多いのではないだろうか。

　そうした世界の〝Raku〟の現状をも踏まえ、本論では、樂焼の本質を深く掘り下げ、その歴史的・美学上の背景にふれつつ、今日までその伝統を伝える樂家の歴代と光悦など樂家周辺の作品と特色・技法を紹介するものである。

貼花牡丹麒麟文五耳壺　樂美術館蔵

三彩刻花文輪花盤　京都府埋蔵文化財調査研究センター蔵

樂焼のルーツ

　これまで日本独自な陶芸として語られてきた樂焼は、近年の発掘調査の成果を踏まえ、そのルーツは中国福建省あたりに窯をもつ明時代の三彩陶であることが明らかになった。

　明時代(14世紀～17世紀)に南中国、特に福建省あたりの窯で、緑釉を中心に、黄釉、褐釉、紫釉など多彩な色釉を用いた焼物が焼成された。それらは、唐時代の三彩(唐三彩)とは異なる、明時代に興った三彩陶で、「素三彩」[注1]と称される。それら素三彩が日本に将来されたのは、室町時代末から織豊時代と考えられる。多くは五耳壺、盤、皿などで、緑釉・黄釉、褐釉などで彩色された肉厚のレリーフ(貼文)、あるいは線彫刻文が施されている。これら明時代の素三彩は近畿一円とりわけ京都、大坂、堺などから出土しているが、一方、伝世品もあり、「三彩脚付壺(貼花牡丹文五耳壺)」(東京国立博物館蔵)をはじめ、樂美術館蔵の「貼花牡丹麒麟文五耳壺」[参考図版 p.242]など複数確認されている。

　樂家の家祖・長次郎との関係において注目されるのは、京都市内から発掘された陶片類で、なかでも上京区藪之内町から発掘された「三彩刻花文輪花盤」[参考図版 p.242（京都府埋蔵文化財調査研究センター蔵）]はほぼ完形に近く、縁を輪花にかたどり草花刻文を黄釉と褐釉で彩色した口径30cm前後の盤である。樂美術館も同様の様式の盤「三彩魚海老文輪花盤」(北三井家伝来)を蔵している。特筆すべきは、それら三彩輪花盤と同様の様式をもつ長次郎の「三彩瓜文平鉢」[図版p.27 注2]が東京国立博物館に蔵されていることである。輪花ではないが同じように口縁部を広く取った盤で、寸法的にもそれら素三彩盤に近い。見込には線刻で大きく瓜の絵を描き、周囲を緑釉、瓜を褐釉で彩色している。また口縁部には、豪華な唐獅子と牡丹の型押し厚肉文を貼りめぐらしている。この長次郎作とされる「三彩瓜文平鉢」は素三彩盤を模したものであることに間違いなく、素三彩の日本版といえる。京都、堺などを中心とした近世遺構からは、こうした素三彩の遺物とともに和物の三彩陶の遺物も出土している。織豊時代、これらの素三彩が中国から将来されるとともに、その技術をもつ中国人陶工も渡来、日本にその技

[注1]素三彩
「華南三彩」とも称されている。主に中国明時代、中国南部、ことに福建省あたりの窯で焼造されていた三彩陶である。福建省では古くは宋、元時代の磁竈(じそう)があり、明時代の窯として田坑窯(でんこうよう)などが確認されている。陶・磁胎の上に緑を主にし、黄色・茶褐色・紫色などのカラフルな色釉をかけた焼物で、茶の湯で用いられる「交趾(コーチ)香合」などもその一つである。壺、皿、盤などが主で、その多くは草花、鳥獣、魚藻文などが伸びやかな線彫りや厚肉のレリーフ(貼文)で彩釉装飾されている。

[注2]長次郎作　三彩瓜文平鉢　東京国立博物館蔵
口縁に施された獅子と牡丹の浮き彫りは、常慶在印の「褐釉獅子牡丹置上香炉」(東京国立博物館蔵)に施された物と同様の型で制作されたものと考えられる。したがって、三彩瓜文平鉢は、長次郎作ではなく常慶作と考えることもできる。

法を伝えたものと考えられる。樂家文書『宗入文書』[参考図版 p.244-245 注3]の中に記載されている「元祖飴也…あめや悴長次郎」なる人物は、そうした素三彩の技術をもつ中国人陶工であったのではないかと推察される。

さらに、長次郎によって「天正二年春」に制作された「二彩獅子」[図版p.8]はまさにその素三彩の技術により制作されたものであることが名古屋大学名誉教授・故楢崎章一氏、三井記念美術館参事・赤沼多佳氏の調査によって証明された。これは長次郎が直接素三彩の技術をもった工人であることを証する重要な作品である。これについては「二彩獅子」の項で詳しく後述する。

このように日本独自な焼物として始まった樂焼は、基本となる釉技術のルーツを辿ると明時代中国の素三彩に行き着くことになる。さらに、その素三彩の色釉技術は、樂焼ばかりではなく、仁清・乾山など京焼の上絵付の基本技術ともなり、さらには織部などにも影響を及ぼすものとして注目されている。

素三彩が樂焼のルーツであるという事実は、単なる技術の伝播を辿る歴史的検証にとどまるだけではなく、長次郎茶碗の本質を考えるうえでも示唆的な興味深い問題を含んでいる。

すなわち、世界で最もカラフルな焼物・素三彩をルーツにもつ長次郎の樂茶碗が、素三彩本来のカラフルな色釉を捨て、黒釉一色というモノクロームの世界を創出したことは、そこに根源的な意識転換があったことを物語っている。のちに詳しく述べることになるが、カラフルな色彩世界から黒一色のモノトーンへの転換、まさにそれこそ利休の「侘び」の美意識・思想に他ならないのではないだろうか。

[注3]『宗入文書』
元禄元年(1688)、5代宗入が4代一入と相談のうえで記した樂家の系図・覚書である。3通の文書からなり、そのうち2つの「覚」には記載年が記されている。「覚」とされる元禄元年の年号の入ったものが最も古く、その後、「樂焼系図」と記されたもの、さらに元禄8年の「覚」は先祖の名前を連ねた過去帳のごときものとなっている。

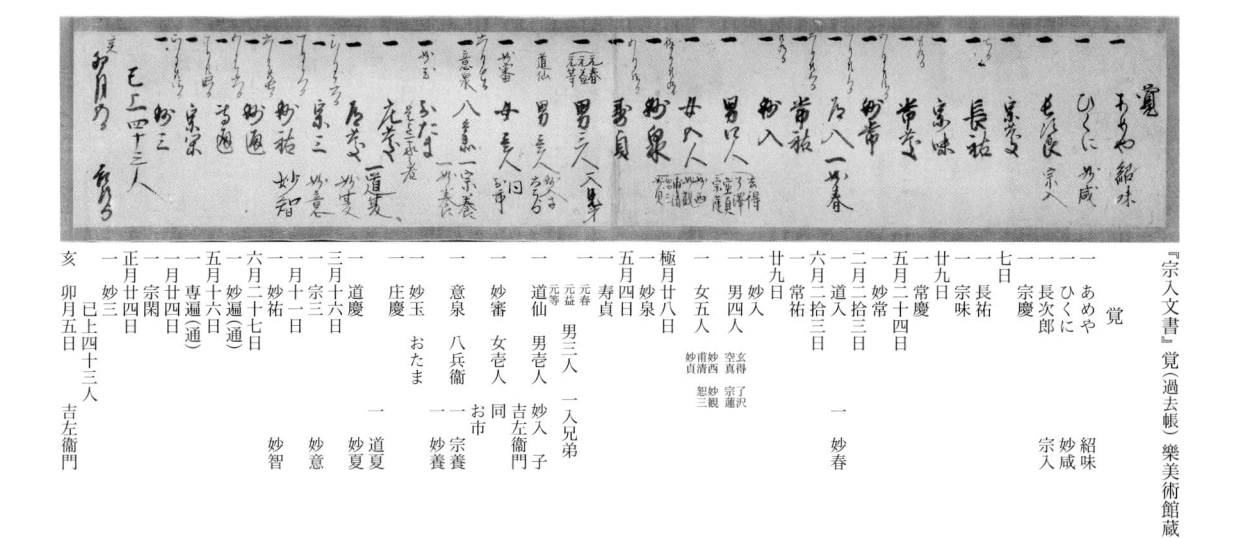

『宗入文書』覚(過去帳)樂美術館蔵

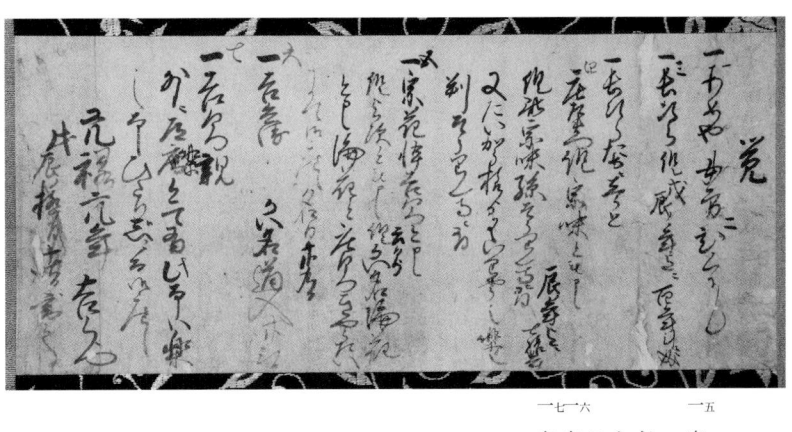

『宗入文書』覚 樂美術館蔵

覚

一 あめや女方 ひくに也
 長次郎但し戊辰年迄二百年計成
一 長次郎かためにしうと
 庄左衛門但宗味とも申候
 辰年迄ニ
 七拾年
 但此宗味の孫そうりん寺ニ有
 又たいかう様よりはいりやうの
 判そうりん寺ニ有
一 宗花(慶)悴吉左衛門と申候
 吉左衛門
 但与次とも申候但かい名浄花(慶)
 と申候浄花(慶)と庄左衛門きやうたい
 にて御座候名日廿九日
 吉兵衛 かい名道入廿三日
 吉左衛門親
 外ニ道樂とて有此印ハ樂
 之印ひたりにて御座候
 元禄元年
 戊辰極月十七日書之

樂焼系図

一 元祖飴也 比比丘尼
一 阿免や 比丘尼
        三あめや妻
        長次郎
 従是
 通り名吉左衛門
四 庄左衛門
 戊辰年七十 庄左衛門法名宗味也
 但宗味孫子素林寺ニ有候
 太閤様より拝領の印
 即素林寺ニ有候
五 吉左衛門
 宗慶悴
 法名浄花(慶)と申候
 頂戴但此吉左衛門を
 与次と申候
 但此吉左衛門兄
六 元祖飴也
 吉免や
 是を吉兵衛と申候法名道入
 此時宗以の花人ニのんかうと云銘有り是以此吉左衛門
 のんかうと云
 前ノ庄左衛門と八兄弟也
 両人之中ニ此印有
七 吉左衛門
 此前名左兵衛ト二云 後法軰名一入ト云
八 吉左衛門
 右之外ニ道樂とて有り此印判左字ニ押申候

『宗入文書』樂焼系図 樂美術館蔵

樂茶碗の誕生

|茶の湯のための茶碗|

　織豊時代(16世紀末)、一人の陶工・長次郎によって一碗の茶碗が世に送り出された。樂焼の始まりである。これまで見たこともない茶碗に人々は驚き、それを「いまやきちゃわん」と呼んだ。すべての創造がその始まりにおいて名を持たぬように、長次郎の茶碗はまさに「今焼」、"Art now"、今焼かれた茶碗であり、「樂焼」の名称を得るにはいましばらくの時間を要することとなる。

　長次郎が今焼茶碗を世に送り出すのは織豊時代半ば、天正10年(1582)以前と考えられている。その創始にあたり、もう一人、重要な人物との関わりがあったことは、樂焼の本質・特殊性を考えるうえで重要な事柄である。その人物とは、いうまでもなく茶の湯の大成者、千利休であるが、長次郎は利休との親交の中、利休の「侘茶」の美意識と創意に基づき、赤樂茶碗、黒樂茶碗を制作したのである。樂焼の歴史は長次郎と利休、この二人の出会いにより劇的な開幕を迎えたといえる。それは日常雑器の生産に始まる他窯の発祥と大きく異なるところであり、樂焼という陶芸がまさに茶の湯のための焼物として生まれ、その後の歴史を茶の湯とともに歩んできた特殊な陶芸であることを、その劇的な始まりが象徴的に物語っている。

　樂茶碗制作にあたり、長次郎と利休の交流がどのような具体的な内容をもっていたのか、それを示す詳細な資料は少ない。しかし長次郎の生み出した樂茶碗には、明らかに他の和物茶碗にはない濃密な造形世界が現れており、それらの特殊性は、千利休の侘茶の美意識を想定せずには説明できない性質のものであるといえる。発祥当初から茶の湯のための茶碗という明確な目的性をもって制作されたこと、また、窯場という地域共同体的な窯産業の広がりではなく、長次郎と利休というきわめて個人的な色彩をもって生まれたこと、さらに侘茶という美意識・思想を背負って生み出されたこと、そうした樂焼の特殊な事柄は、日本陶芸史の中でも他に類例を見ない出来事であった。樂焼はすでに近世初頭において、個人の考え、美意識を中核にしたコンセプチュアルな、すなわち高度な意識性をもった焼物であり、陶

芸史上においていち早く「長次郎」という個人の作者名を世に残すこととなったのである。また、その個的な創作精神は、長次郎以後、途絶えることなく樂歴代に受け継がれており、作域も次第に広がり、茶碗制作ばかりではなく、水指・花入・香炉・香合・向付などの器類、鉢など多様性を見せながら、歴代がそれぞれ個性的な作風を打ち立て、430余年にわたる歴史を親から子へと一子相伝を守りつつ今日に伝えられているのである。

長次郎茶碗の成立

　長次郎が初め瓦師(装飾瓦を制作する職人)であったとする説もあるが、今日では、茶碗の他に彫塑的な作品も制作する職人＝陶工であったと考えられる。長次郎の父親として「あめや」(飴也・阿免やとも併記)なる人物を古文書『宗入文書』[参考図版 p.244-245]にうかがうことができる。現在のところ、「あめや」作と考えられる伝世品は残されておらず、古文書資料の中で名前のみを認めるばかりであって、生没年はじめ人物像の詳細はわからない。また、近年の発掘調査を踏まえた研究によって、樂焼のルーツが中国明時代の素三彩であることが明らかになり、長次郎の父・「あめや」なる人物は、南中国・福建省あたりから渡来し、焼物制作に関与して樂焼の基礎となる素三彩の技術を日本に紹介した人物の一人と考えられるようになった。したがって「あめや倅(せがれ)長次郎」(『宗入文書』)は陶器制作に携わる職人・陶工として、天正年間(1573〜1591)初めには京都を中心に活躍し始めていたと考えられる。

　では、長次郎がいつ頃に利休と出会い、その関係を深め、樂茶碗の制作に至ったのか。残念ながらそうした樂焼創成に関わる正確な資料は少ない。かつて、東京国立博物館名誉館員の林屋晴三氏は、利休時代の茶会記『天王寺屋会記』に、天正7年(1579)の茶会で「赤色之茶碗」が使用された記録があり、それを長次郎の赤樂茶碗ではなかったかとする意見を述べられた。また同茶会記・天正8年の項に記載されている「ハタノソリタル茶碗」について、伝世する長次郎の赤樂茶碗「道成寺」[図版p.21]などに

見られる口縁が外に反った長次郎茶碗ではなかったかとも推察され、そうした茶会記と照らし合わせ、長次郎茶碗、樂焼の成立を天正7、8年頃にはすでに始まっていたとされている。さらに、伝世する長次郎茶碗の作行きなどをうかがう限りにおいて、天正年間半ば、まず赤樂茶碗が生まれ、つづいて黒樂茶碗が制作されたものと考えられる。

　いずれにしても、長次郎の樂茶碗が千利休の侘茶の創意を受けて制作されたことなど、利休との深い繋がりを考えるとき、長次郎茶碗が世に頻繁に使用されるのは、利休が天下人となった秀吉の茶頭として力を得て、茶の湯が侘びの意識をより先鋭化させてゆく天正10年前後と考えられる。特に、茶碗と建築という違いこそあるが、造形の捉え方にきわめて近いものを感じる利休茶室「待庵」[注4]も天正10年頃に建てられたとされていることなど、この時期、利休の侘茶が一層の深まりを見せたに違いない。まさに信長から秀吉という政治体制の大きな転機であると同時に、茶の湯文化をも含めた文化の一大転換期であったと考えられている。天正10年以後、天正14年には『松屋会記』に「宗易形ノ茶ワン」という記載があるが、これこそ茶会記の中に書き留められた「宗易形」つまり「利休形」としての長次郎茶碗の初見であるとされている。しかし「宗易形」として記載されるのはこの一度きりであり、これを境に、長次郎の樂茶碗は「今焼茶碗」という名称でたびたび茶会記の中に登場することになる。そこには長次郎の樂茶碗が、これまで使用されてきた唐物茶碗にかわって、高麗茶碗とともに当世の茶の湯茶碗として認められ頻繁に使用されてゆく過程がうかがえる。当時はまだ「樂茶碗」という名称はなく、「今焼茶碗」つまりは今焼かれた当世の茶碗、言うならば〝Art now〟、現代陶芸であった。

　利休は、これまで室町幕府以来の美の権威である唐物荘厳の茶の湯世界から、みずからが創出する当世の今焼茶碗を世の中に突きつけた。その激しくラディカルな挑戦を実現したのが、まさに長次郎であった。

　しかし、利休の茶とともに生まれた樂茶碗であるが、利休は関白秀吉の勘気をこうむり、天正19年（1591）2月28日、自刃して果てた。利休自刃の理由の奥には、直接の咎の原因ではないまでも、利休

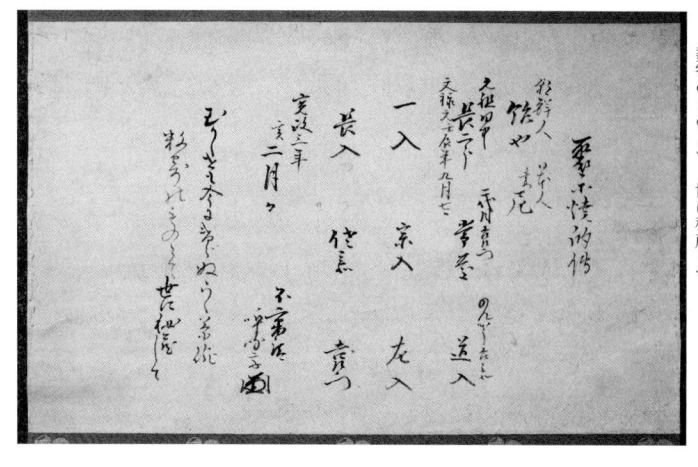

聚樂焼的傳　咥啄斎宗左筆

朝鮮人　日本人
飴や　妻尼
元祖田中　二代目吉左衞門　のんかう吉兵衞
長二郎　常慶　道入
文禄元壬辰年九月七日
一入　宗入　佐兵衞
長入　吉左衞門
寛政三年
亥二月日
咥啄斎（花押）
不審庵
むかしをも今に替らぬらく茶碗
数寄のものとて世に秘蔵して

の侘茶の先鋭化とともに、その侘茶を象徴する長次郎茶碗の存在も深くかかわっていたと推測しているのは私だけであろうか。長次郎も利休の死と相前後して世を去っている。長次郎の没年[注5]は、一応『宗入文書　覚』の記載「長次郎但し戊辰年迄ニ百年計成」の記述をもとに天正17年とされているが、その他に表千家8代啐啄斎が樂家9代了入と相談のうえ書いた『聚樂焼的傳』[参考図版 p.248]による文禄元年(1592)説もある。

樂の名称の由来と「樂」印

　長次郎が茶碗の制作を始めた天正年間、樂焼は「今焼」と称されていた。いつ頃から「樂焼」「樂茶碗」と呼ばれるようになったかは正確にはわからないが、樂焼関係の古文書には「樂」の由来は太閤豊臣秀吉から「樂」の印を賜ったことが記され、それを由来としている(『宗入文書』他)。しかし長次郎の茶碗とされるものには印はなく、印を用いるのは田中宗慶からである。宗慶作の「三彩獅子香炉」[図版p.31]の正面・胸の中央にはくっきりと「樂」の印がおされており、腹部には「とし六十　田中　天下一宗慶（花押）　文禄四年九月吉日」と、制作年とともに年齢が彫り込まれている。したがって宗慶の用いた「樂」印が樂家の中で最も早く用いられた印であり、『宗入文書』が記すところの「太閤様拝領之印」が史実とすれば、この宗慶印がそれにあたると考えられるが、その確証はない。

　茶会記などの文献上では「今焼茶碗」につづいて、「シュラクヤキちゃわん」「聚樂焼ちゃわん」などの記載がある。「聚樂焼」の「聚樂」とは、天正14年(1586)に着工し、翌天正15年に完成した「聚樂第(じゅらくてい)」の名前に由来すると考えられる。また、聚樂第造営から遡ること10年、天正4年に宗慶が住まいしていた場所は南猪熊町であるが(『頂妙寺文書・十六本山会合用書類』後出)、そこは後に「聚樂第」が造営される場所であり、ちょうど聚樂第の北端にあたる。しかも、そのあたりに利休が居を構えていたとされているところから、利休の聚樂屋敷とも重なる。しかし、『頂妙寺文書』には現在の樂家（油小路

[注4]「待庵」
京都府乙訓郡大山崎町にある寺院・妙喜庵の茶室。利休が建てた茶室を代表するもので国宝に指定されている。利休の侘びの美意識が最も濃厚に現れれ、わずか二畳の極小の空間、苆混じりの粗壁仕上げ、特に床の間は「室床」と称され、天井と壁の隅を壁土で塗り回し空間の奥行きを演出している。天正10年頃に建てられたとされている。

[注5]長次郎の没年
長次郎の没年は2説ある。一つは元禄元年(1688)に書かれた『宗入文書』によるもので「長次郎但し戊辰年迄ニ百年計成」とあり、「戊辰」すなわちこの文書が書かれた元禄元年から100年をさかのぼり、天正17年(1589)とする説。いま一つは寛政3年(1791)表千家8代啐啄斎が記した『聚樂焼的傳』によるもので、「長次郎　文禄元年壬辰年九月七日」、すなわち文禄元年(1592)とするものである。樂家歴代もどちらの説を採用するかまちまちで、ちなみに、長次郎400年忌法要は天正17年説を採り、昭和64年(1989)に行った。

一条下る)の所在はない。現在の樂家は聚樂第造営にともない油小路一条下るに移転したと考えられる。のちに、3代道入の時代であるが、『松屋会記』[注6]に「油小路ニテ」と現在の樂家の住所が確認できる。いずれにしても長次郎窯は聚樂第からほど遠くない地点、考えようによって聚樂第門前と考えても支障ない位置関係にあり、それらを考え合わせると、「樂焼」の「樂」は、「聚樂第」の「樂」に由来するものとしてよいのではないだろうか。

|長次郎焼茶碗|

　伝世する長次郎茶碗には「長次郎」あるいは「長次郎焼」と書付されたものが多い。その筆者は元伯宗旦はじめその子息である江岑宗左、仙叟宗室、一翁宗守ら、千家の人々である。利休自筆とされる書付は黒樂茶碗「俊寛」の蓋表の貼紙に書かれた「俊寛」の墨書、同じく「東陽坊」の蓋表墨書であるが、確証はない。「長次郎」「長次郎作」と特定された書き方のものと「長次郎焼」と窯名のようにも判断できる書き方のものについて、それらが厳密に区別されて書かれたとは思えないが、利休ー長次郎時代、初期の樂焼窯では、長次郎の他に複数の人々が協力しながら仕事をしていたと考えられる。いわゆる長次郎窯工房説である。それらの人々は、長次郎の他に、田中宗慶、その子吉左衛門・常慶、庄左衛門・宗味であり、初期の樂焼工房はそれら親子、兄弟の家族集団の中で営まれていたと考えられる(後述『長次郎と田中(樂家)一族』参照)。それらの人々が、「利休形」に従いながら結果としてそれぞれに個性を表していることは、樂焼の性格、長次郎の窯を考えるうえで特筆すべきことである。その点、工房といえども、職人を使ったいわゆる一般の窯場の工房とは意味合いを異にしている。利休在世当時に、まだ年若い常慶や宗味がどれほどの仕事をしていたかは不明だが、利休、長次郎没後は明らかにこれら宗慶、常慶、宗味によって長次郎の工房は継承されていったのである。

　伝世する長次郎作とされる茶碗はいくつかの造形タイプに分けることができる。それらタイプの相違

[注6]『松屋会記』
奈良の漆問屋・松屋源三郎家の茶会の記録。慶安3年(1650)まで約120年間にわたり、久政・久好・久重の3代によって断片的に書き継がれている。慶安2年(1649)の記述で、宗旦の茶会に招かれた松屋久重(1566—1652)が「シュ樂茶ワン　今　油小路ニテニセテ　今焼キ候由」と記している。「油小路」とは、おそらく現在の樂家の住所(油小路一条下る)と見て間違いないであろう。また「ニセテ　今焼キ候由」とは、＜長次郎の利休形茶碗に似せてつくられている＞といった意味であろうか。

が、作者によるものか、同じ作者の制作年代による違いなのかは判断できにくいが、かつて林屋晴三氏は伝世する長次郎茶碗を分類された。その説を基本に整理すると以下のようになるだろうか。

【第Ⅰ群】すなわち「大黒」[図版p.13]・「無一物」[図版p.23]・「太郎坊」[図版p.23]・「一文字」[図版p.25]・「まこも」(藤田美術館蔵)などに代表される椀形、近年再発見された利休所持、万代屋宗安伝来の「万代屋黒」[図版p.11]もこれらに入る。さらに「二郎坊」「北野黒」などの半筒形を基本とした無作為な造形の作品を含める。

【第Ⅱ群】は「俊寛」[図版p.15]・「面影」[図版p.15]・「杵ヲレ」[図版p.17]などに代表される変化を表す造形性の高い作品。「つつみ柿」・「太夫黒」(北村美術館蔵)・「喝食」(承天閣美術館)などもこの群に入れることができようか。

【第Ⅲ群】Ⅰ群とⅡ群の中間的な作行きのもの、たとえば「禿」[図版p.17]・「あやめ」(MOA美術館蔵)などをその典型作とする。

【第Ⅳ群】上記の作品を基本型にした様式的類型化が見られる作品群。

さらにこれらのまとまりの他に、異形の茶碗として「道成寺」[図版p.21]・「ムキ栗」[図版p.13]、また、初期的なものの代表として「白鷺」[図版p.25]を挙げることができる。しかし、ここに取り上げた個々の作品は、代表作とされるものを中心にあくまで大まかな印象、特色に基づき抽出したものであることを断っておかねばならない　またさらに、これらの他に宗慶、常慶が制作した利休形樂茶碗が長次郎焼として混入している事実がある。

これらの作行きの違いを、長次郎の作陶時期による違いと見る向きもあるが、長次郎茶碗の成立が天正10年前後から長次郎の没年、天正17年の間というきわめて短い時間であることを念頭に入れれば、これらの作行きの違いを、長次郎－利休没後を含む時間的スパンの中で、長次郎窯を継承する人々によってつくられた茶碗が含まれると考えたほうが理にかなう。即ち、利休・長次郎没後にも長次郎茶碗は利休形として継続して制作されていったのであろう。天正19年に利休は没し、相前後して長次郎も世を

去る。その後、宗慶、常慶によって利休形の樂茶碗は制作される。おそらく宗旦は利休時代の長次郎作のものから、利休と長次郎没後の利休形の樂茶碗までを総じて「長次郎焼」と総称したと考えられる。

であるならば、利休在世当時に長次郎が制作した茶碗はどのようなものであったか。伝世する長次郎茶碗からそれを厳密に類推することは難しい。しかしあくまでも個人の考えのうちではあるが、典型的な利休形の長次郎茶碗とは次のようなものであったのではないかと推測することはできる。私は「大黒」「無一物」「ムキ栗」「万代屋黒」「一文字」「白鷺」・「太郎坊」など、比較的造形変化の少ない第Ⅰ群、さらに第Ⅲ群の中から「禿」など数碗を取り上げ、それらを含めた一連の茶碗を挙げたいと思っている。

では「俊寛」「面影」「杵ヲレ」など第Ⅱ群の造形的な作行きのものをどのように考えるか、その解答を出すのはなかなか難しい。つまり、造形変化を極力押さえた作行きの茶碗と、抑制的ではあるがそこに造形変化、動きのみられる茶碗であるが、これら第Ⅰ群から第Ⅲ群に見られる作行きの幅を利休形、利休の好みの幅として同列に見るかどうか、あるいは長次郎作として見るかどうかは、利休侘茶を考えるうえできわめて興味深いものがある。例えば第Ⅰ群の中でも「大黒」「無一物」といった典型作とする茶碗は、利休好みの他の道具、例えば「瓢花入　銘顔回」(永青文庫蔵)や「南蛮芋頭水指」(永青文庫蔵)とも共通する美意識であると論じることは誰の目にも異論のなきところであろう。では、「俊寛」や「面影」「杵ヲレ」はそれらとは異なる美意識なのだろうか、いやそうではあるまい。「差異同一」、同・異がたがいに含みあっているとでも言おうか。長次郎茶碗における造形の差異は、単に「無作為・作為」といった言葉で論じられるものではないことは言うまでもなく、それは利休の美意識の深さを物語っているのであって、我々が今ここで早急な判断を下すべきではない事柄のように思われる。ここに分類した第Ⅰから第Ⅲ群の茶碗は、第Ⅳ群など後の茶碗に見る類型化された作行きとは異なる古格、創意の確かさを持っており、一括した分類はあくまで便宜的なものであり、一碗一碗みずからの心で味わい看取されなければならない性格のものなのだろう。おそらく利休時代、利休の茶は、決して一般化されたわけではなく、太閤秀吉をはじめごく利休に近い人々の間で広まっていたにすぎない。下級武士や一般町

人の間では噂こそ聞きもすれ、それを体験することはおろか、みずから利休の長次郎茶碗を使って茶の湯などできるわけではなかったはずである。ごく限られた利休周辺の人々が長次郎茶碗を使用したのであって、流通に乗って長次郎茶碗が世の中に流布していったのではない。であるなら、利休在世当時の長次郎茶碗の数はごく限られたものであったはずである。とりわけ第Ⅳ群周辺に属する類型的な作行きの茶碗は、おそらく利休－長次郎没後につくられた「利休形茶碗」であると考えられる。さらに私が長次郎作もしくは長次郎焼とされる茶碗に出会った数はかなりの数にのぼるが、作行きはさまざまであり、作行きは感心しないが少なくとも3代道入以前の作と判断せざるを得ないものもそこには多く含まれている。それらの茶碗はだれがつくったのであろうか。

　そこで一つの問題提起がある。近年の発掘調査で、織豊時代後期(特に慶長期以降)の地層からさまざまな黒樂茶碗が発掘されている。その多くは長次郎窯で焼かれたものとは思えない作行きであり、中には轆轤(ろくろ)成形でつくりながら手捏(てづく)ねらしき篦(へら)跡を胴部に刻んだ黒茶碗なども出土する。これらは明らかに長次郎窯の作品ではない。では、どのような窯であったか？　これらはおそらく、素三彩系の技術をもつ窯が長次郎を模して制作したものと考えられる。では、いつ頃からそれら長次郎窯以外の作が世に出てきたのであろうか？　おそらくそれは、利休没年の直後から始まっていると考えるのが妥当ではないだろうか。

　利休の茶は利休自刃によって利休自身から解き放たれ、いわば聖化の道を歩み始める。いわゆる「茶聖利休」である。今まで太閤を中心に営まれてきた特殊な利休の茶が、より聖化され尊ばれるとともに一般化の道を歩むのである。あるラディカルな創造がやがて模倣と解釈の時期を経て、一般社会に受け入れられ消化されてゆくのは歴史の常道であろう。それに呼応しながら利休の茶碗、利休形の長次郎茶碗の需要は急速に伸びてゆくはずである。発掘現場から出る長次郎窯とは思えない今焼茶碗は、まさに利休－長次郎没後、そうした状況の中で生産されたのではないだろうか。

　一方、長次郎窯を継承する宗慶、常慶による利休形の茶碗も世に送り出される。それらは独特の作行

きを示しており、同時に「宗慶印」「常慶印」[参考図版 p.254]など在印のものもあり、おおよそ作者を類推することができる。特に常慶のものには、利休形茶碗の他に、明らかに歪みをもたせた織部好みともいうべき杏形茶碗が伝世する[図版p.41「黒木」]。それらと共通する変化、動きを強調した茶碗こそ常慶作の利休形茶碗と考えてよい。本編収録のものでは黒樂茶碗「不是」[図版p.41]などがその典型作である。伝世の長次郎焼茶碗の中ではこのタイプに属するものは比較的多く、全体にやや大振り、胴部のくぼみや、口部の抱え込みが強く、起伏に独特の動きをともない、高台が大きく力強いのを特色としている。しかしこれらの分類は、どのタイプを天正年間の利休形茶碗の本命と考えるかにかかっているといえ、その根拠は今のところ、あくまでも主観的な類推に基づかざるを得ないのである。すでに述べたように、利休自身が箱書付をした茶碗は数碗。「俊寛」箱甲の貼紙墨書、「東陽坊」箱甲であるが、いずれも厳密な意味で利休直筆と断定するには、はなはだ頼りなげな書付である。

　名品所持で名高い茶人鴻池道億(1655-1736)は「本長二郎と申ハ、物数十の内悉ク後の物が正真の如く今に重宝被申候」と住友友昌宛の書簡の中で記している。その真意はどの程度のものかわからないが、「後の物」すなわち(長次郎没後のもの)という認識をもっていたことと、その当時からいかに長次郎茶碗が貴重視されていたかをうかがうことができる。

　再度、伝世する長次郎焼茶碗を私なりに、以下に3類別する。

1　利休在世時代に長次郎によって制作されたもの。
2　利休と長次郎没後、宗慶、常慶によって制作された利休形樂茶碗。在印、無印の双方がある。他に宗味作とされるものもあるが判然としない(但し、利休在世時代にも宗慶、常慶、宗味などによって制作された茶碗もあると考えることもできるが、その検証は難しい)。
3　利休と長次郎没後に一般化する利休の茶風に合わせて長次郎窯(樂家)以外の窯で模倣された茶碗。

宗慶印　黒樂茶碗「天狗」高台

常慶印　赤樂井戸形茶碗高台

長次郎茶碗の特色

　長次郎茶碗は、千利休の侘茶の美意識が濃厚に表現された茶碗として他に類例を見ないものである。ここではその特色についてふれることになるが、しかし、それについて述べる前に、唯一長次郎の作品として制作年と本人の名が彫り込まれた彫像作品「二彩獅子」[図版p.8 重要文化財]を紹介しなければならない。

|二彩獅子|

　長次郎の作品の中で「二彩獅子」は長次郎の造形世界、樂焼発祥のルーツを考察するうえできわめて重要である。そのあまりにも激しい動きと迫真に迫る表現力、それこそ長次郎の個性、長次郎自身ではないだろうか。であるならば、長次郎の制作した樂茶碗、あの静かで端然とした「今焼茶碗」の世界とは…？　獅子像と茶碗、その両者の比較によってそこに長次郎茶碗の本質と利休の存在、その思想の輪郭が浮かび上がってくる。

■「二彩獅子」に見る樂焼発祥のルーツ

　歴史資料としての重要性、それは唯一本人の名前と制作年とが作品に釘彫り銘として明記されていること。それらの釉技法が中国素三彩の技法を踏襲していること。それら二つの事実である。

　まず「二彩獅子」の制作年は天正2年(1574)。すなわち獅子腹部に「天正二年春　依(籠)命　長次良造之」と釘彫りされている。茶碗制作に先立つ最も古い作品であることはいうまでもない。天正2年といえば信長が、浅井・朝倉を滅ぼし京都に凱旋したのが天正元年。天正2年に再び上洛、信長は相国寺で大きな茶会を催している。利休が今井宗久ら堺衆とともに、信長の茶頭として出仕するのもその頃である。戦乱の中世からまさに近世の曙へ移行してゆく頃である。

　名古屋大学名誉教授・故楢崎章一氏と三井記念美術館参事・赤沼多佳氏はこの獅子像について詳しく

検証されたが、楢崎氏は、この刻銘「依命」（楢崎説では「竉命」）とは、当時の状況から信長の命（指図）によるものであろうと推察されている。両氏の調査によってさらに、この獅子像は樂焼のルーツを証する重要な作品であることが判明した。すなわち、素地は赤土であり長次郎の茶碗に使用されている胎土と同じ「聚樂土」であり、姿全体をほぼ完成させた直後に銘を釘彫りし、その後、全体を白化粧土の泥漿に浸けて化粧を施している。またこの調査であらたに刻銘の1文字、「年」の文字が発見されたが、それは白化粧土に半ば埋もれ、これまでは判読されなかった1文字である。また、他の刻銘の彫りの中にも、ところどころ白化粧土が入り込んでいる。釉薬は低火度緑釉と低火度透明釉の2種を無造作にかけている。こうした技法はまさに中国明時代の素三彩の技法と同じであり、樂焼のルーツが中国華南地方の三彩陶であることを物語る重要な証拠となる。

■「二彩獅子」に見る造形性　迸る生命感・婆娑羅からカブキへ

　それらの歴史的な事実とともに「二彩獅子」の重要性は、その表現が陶胎の彫像作品として他に類例を見ない優れた造形力を見せていることである。

　私はかつて室町時代末から織豊時代にかけて起こった政治的、文化的状況を「動き」つまり「動勢への憧れ」として読み解いた。中世の権威・制度が崩壊し、近世が胎動し始める黎明期、これまでの制度や価値観から解放されてすべてが生き生きと制約をはみ出し動いてゆく時代。同時に徳川幕藩体制の制度再編の動きがいまだ完了していない、いわば崩壊から再編への狭間の時期、門戸の閉ざされないわずかなその間隙をぬって織豊時代は日本史上かつてない活気を帯びた変革の時代となる。「農民から天下人を夢見た男、自由交易の海の向こうに世界の広がりを見た者、茶の湯という芸能に命をかけた男、河原で演じられた歌舞伎踊りに己を忘れて興じた群衆。それぞれが己の夢を掘り起こし、己を演じ、己を実現していった」時代（『樂ってなんだろう』より　樂吉左衞門著/淡交社刊）。政治において、商業交易において、また文化領域において、旧制度の崩壊とともにすべての既存の価値が大きく揺らぎ、動き、

唐獅子図屏風　右隻　狩野永徳筆　御物　宮内庁三の丸尚蔵館蔵

逸脱し、自由を獲得、謳歌している時代。まさに婆娑羅からカブキ[注7]へと激しく揺れ動いている。
　そうした時代の気風を表すように、長次郎の「二彩獅子」は激しい動勢表現の中に獅子の迸る生命感を生き生きと表している。これほどの激しく豊かな表現がかつて焼物彫像にあっただろうか。これはまさに磨き込まれた工芸作品というよりも、荒々しく生命感に充ちた一個の彫刻作品なのである。
　同時代の中で共通する趣の作品に、狩野永徳(1540-90)の「唐獅子図屏風」[参考図版 p.256 御物・宮内庁三の丸尚蔵館蔵)]がある。絵画と彫像の違い、また細部の様式は異なるが、獅子が屏風絵の大画面から悠然と抜け出し、のそりとこちら側に歩み出すような生き生きとした表現が見られる。動勢表現は生命の表現として全時代に共通するものではあるが、その表現の内実は時代により大きく異なっているといえる。たとえば永徳以後の狩野派、探幽において動勢表現はさらなる様式性を加え完成度を高めている。とはいえ、永徳に見られるような動勢のリアリティーはその分、弱まらざるを得ないといえるのではないだろうか。また、勢いよく天空を駆けめぐる俵屋宗達の「風神雷神図」(国宝・建仁寺蔵)においては、動勢の様式性はさらに極められている。風神雷神の二体は完璧なまでの様式性の中に収束し、画面空間の中にみごとに配置されている。しかしよく観察すれば、二体の神像の動勢は、画面の中で切り抜かれ貼り合わされたように一瞬空間の中で静止しているように感じられないだろうか。あまりにも完璧な様式が、動勢そのものを一瞬静止させている。あまりに完璧な様式の追求はかえってリアリティーを損なうものであろう。
　リアリティーという生命感、あるいは存在のエクスタシーは様式の完成度とは異なる位相にあり、両者から発する軌跡はある時点で交わり、表現のクライマックスとも言うべき出会いを果たし、その睦びを境に離反してゆくものである。しかしその出会いはどのようにして果たされるのだろうか。おそらく〝安土桃山〟と呼ばれる織豊時代が特殊なのだろう。破壊と創造が併存する崩壊から再編への道筋の中で、かろうじて制度の門が閉じきられていないまさに狭間の時代を生きた永徳と長次郎。また制度化を果たし終えた時代がその門を閉じた江戸時代、その時代を生きた探幽が対照的であるように。

[注7]婆娑羅からカブキ
　　婆娑羅とは既成の価値・秩序にとらわれず、勝手気ままに放縦にふるまうこと。南北朝、室町時代の社会風潮や文化的流行となった。豪奢で華美な服装等を好んで着用、既存の権威を軽んじ、下剋上の風潮にも通じる。「婆娑羅大名」と呼ばれ『太平記』には、近江の守護大名佐々木道誉、美濃の守護大名土岐頼遠などの婆娑羅的な振る舞いが記されている。
　　カブキとは、「傾く」(カブク)から派生した言葉で、常識的な価値観からはずれ勝手気ままに振る舞うこと。織豊時代後期に社会的風潮となって、並外れた華美な風体、奇抜な身なりをし、既存の権威を無視した行動をとる。「豊国神社祭礼図屏風」(徳川美術館蔵)にはそうした〝カブキ者〟の姿が描かれている。

〝安土桃山〟、その交差点に永徳の唐獅子は現れ、のっそりとこちら側に歩み出てくる。かたや虚空を見据える長次郎の「二彩獅子」、〝安土桃山〟の気風を呼吸し身構える。永徳と長次郎、それら2つの獅子像は同じ世界観を共有している。根元的な生命感・動勢のリアリティーは、その様式性を打ち破って、表現者の内奥から迸るように生まれてくるのではないだろうか。それは美の世界のみならず社会も制度も同じ、そこに生きる人々の偽らざる心の反映が見える。
　以下、もう少し具体的な造形にそって動勢表現を見てゆくこととする。

■「二彩獅子」の動勢は的確であり、力強いモデリングによって表現されている

　高々と立てた尻尾から頭部に向かって逆Ｓ字状に背骨が貫かれ、身体全体が大きくよじれ動いている。頭部から尻尾に貫かれたＳ字の動勢に即して、後足大腿、腹背部の筋肉表現が的確で引き締まった量感を表している。これらは、様式化されているもののきわめて写実性に富んだ表現がうかがえるところで、本作の特色の一つである。このよじれるように貫かれているＳ字状の動勢は、洋の東西を問わず共通する動勢表現の基本である。たとえばリアリズムを追求する西洋においては、ギリシャ彫刻の人体像をあげれば十分であろう。またそれは日本の仏像においても共通する。

　さて、獅子という想像上の動物を表現するにあたり、先例的な様式にしたがうのは当然ではあるが、特に長次郎の「二彩獅子」では、その動きに付随する筋肉などの様式性の度合いも固定化されておらず、完成された様式性を突き破る自由さをもっている。同じ獅子の作品として、工芸的にまとめられた備前などの唐獅子置物とは比べるべくもない生き生きとした表現力がそこにある。

　「二彩獅子」は工芸品ではなく彫刻作品であって、これこそ〝安土桃山〟の動勢表現、〝安土桃山精神〟といわずして何であろうか。さらに「二彩獅子」は装飾的な表現も豊かである。手捻りでモデリングされた尻尾や胴・頭部の巻毛の表現、そこに深く彫り込まれた荒々しい渦巻き状の釘彫り。それはあまりにも大胆で、様式性のまとまりを欠くが、それゆえにこそ激しく燃え上がる生命を宿し、まるで炎のよ

うでもあり、時代こそ異なるが、縄文火焔土器に通じる力強さを思わせる。おそらく「二彩獅子」は阿吽の2体があったと考えられるが、残念ながら本作1体しか伝世しておらず、他に類作がない。

　補足ではあるが、長次郎が中国福建省からの渡来人「あめや」の子であるならば、中国にもこの獅子像の原形となるべき作品が見つかりそうである。しかし今のところそうした作品に出会うことはない。ただ、福建省からの貿易の仲介地点、沖縄にみられる「シーサー」は獅子像である。しかし造形・様式的にはまったく別のものと考えられ、安易に結びつけることはできない。

■「二彩獅子」から「長次郎茶碗」へ

　この「二彩獅子」は、のちに生まれる長次郎の樂茶碗を考えるうえで重要な示唆を我々に与えている。あまりにも対極的な造形表現を見せる「二彩獅子」と「長次郎茶碗」、その違いは一人の作者によるものとは考えられないほどの差異を表している。すなわち、「二彩獅子」に見られる変化に富んだ激しい動き、力強い動勢表現と量感、豊かな装飾表現、今にも飛びかかり、歯をむき出し挑みかかる獅子の生命感など、獅子を形づくるさまざまな個性的表現が、「長次郎茶碗」においてはことごとく打ち消されているのである。獅子像を成立させるさまざまな造形要素を捨象すること、それらを否定すること、消し去ること。表現とは本来、白いカンバスに色を加えるごとく、意味や言葉や表情を加えてゆくことで実現するものであろう。しかし「長次郎茶碗」は加えてゆくことで充実した表現を見るのではなく、引き去る方向、加算ではなく減算する意識の中で成立している。茶碗に対峙する「二彩獅子」、長次郎にこうした対極的な二様の作品が存在することは、長次郎茶碗の本質を考えるうえで、きわめて重要な問題提起であると考えている。

　「二彩獅子」から「長次郎茶碗」へ。この本質的で対極的な転換を、長次郎はどのようにして果たしたのであろうか。長次郎個人の表現あるいは個性が、むしろこの激しい「二彩獅子」にあるとするならば、長次郎はなにゆえに対極的な造形表現へとみずからを捨て、転換を果たさねばならなかったのであ

ろうか。「二彩獅子」から「長次郎茶碗」へ。この対極的な隔たりの真ん中に、利休が居る。利休の目指す侘びの美意識・世界観が両極をふまえて回転する輪の中心、その支軸のように存在しているのではないだろうか。

長次郎茶碗と利休の侘び

■侘びの周縁　和歌の表現をめぐって

　「侘び」とは何か、という問いに答えるのは難しい。ましてそれを的確な言葉で論理的に述べるなど不可能というほかないだろう。それは「侘び」という心情、あるいは思想が、美意識はもちろんのこと、恋愛、貧富、失意などさまざまな生活感情を含み、さらにその底には、自然観や人生哲学、宗教観、特には浄土教や禅宗といった仏教に深く根ざし、それらが不可分一体となって感受性豊かに絡み合い、「侘び」の精神領域を形づくっているからである。そこから特定の心情、形態を抜き出し部分的に抽象論を展開したところで、かえって「侘び」の実質は薄まり、本質からは遠ざかってしまうであろう。そこには決して単一な論理や言葉ではとらえることはできない情念と思想の広がりがある。とはいえ、我々はここでは言葉しかもたない。まずは「侘び」の情感にそって、文学的表現の中から細やかな「侘び」の心情を辿ってみるところから始めるしかない。

　「わび」という言葉はすでに『万葉集』に見られ、『古今和歌集』以降は頻繁に和歌世界に登場する。それは「わびし」「わぶ」という形容詞や動詞として、時に失意の情念として、粗末な、みすぼらしい状況、充たされぬ、時に恨めしいまでの心情を表し、諦念をともなう否定的な感情を代弁している。その充たされぬ失意の心情は、ことに男女の恋愛の感情の中に的確に表されており、その一例は平安後期の和歌、たとえば相模(さがみ)(生没年不詳　11世紀前半)の恋愛歌一首を挙げれば情感としての「侘び」は理解できるだろう。

恨み侘びほさぬ袖だにある物を恋に朽なむ名こそ惜しけれ
　　［男のつれなさを頼りなく悲しく思って、私は涙で袖がかわく間もないほどなげき悲しんでいるのに、世間はどうして噂ばかりするのでしょうか、この恋のために私は涙に朽ち果ててしまうのでしょうか、世間の浮名にたえられない私の名が惜しまれることよ］

　ここでは思い通りに実らない恋の寂しさ、無念さが「侘び」の内容となっている。恋が充足し、完結することに対する〈不足した〉〈未完の〉、〈充たされることのない〉ゆえの〈悲しさ〉〈寂しさ〉〈はかなさ〉が「侘び」の情感である。また、〈不足した寂しい〉様子は、さらに〈落ちぶれた〉〈貧しい〉〈粗末な〉といった形容を引きおこす。「侘びすまい」とは、〈貧しい〉〈粗末な〉住居といった内容を表す。それは当然ながら〈贅沢な〉〈豪華な〉〈第一級の〉〈価値の高い〉〈完成された〉などの対立概念として成立している。このような、消極的な、ネガティブな意識としての「侘び」の情感は、平安時代における、末法思想を基調とした無常観——生あるもの、存在するものはすべて移ろい滅びゆく。たとえ栄華をきわめ、名利を得ようともやがてすべては滅びゆく——といった当時の貴族達の時代意識と深く結びついているといえる。とはいえ、ここでは「侘び」の意識はまだ深刻な概念を結ばず、むしろ漠然とした情感の内容を形容しているにすぎないのである。

　このような「侘び」の消極的な、否定的な負の情感が、人生における積極的な精神性や美的価値として、「侘茶」や陶芸の中に、どのように深化していったのであろうか。それを語るには「侘び」の意識の変容をもう少し時代を追って辿ってみなければならない。

　あきらめとも未練ともつかぬ、失意の心情にすぎぬ「侘び」が、無常観を踏まえながらも、肯定的な意識感情として自覚的に捉えられてゆくには、鴨長明（1155-1216）や吉田兼好（1283？-1350？）など隠者の文化思想の洗礼を待たなければならない。彼らに象徴される現実社会から積極的に退こうとする「隠遁の思想」は、世間的な価値観からの逸脱、解放を希求している。世間的な名誉、利害、権威権力からの離脱や放棄、我俗からの解放により、本来的な自己へたち返ること。都を離れ田舎や山中に住ま

いし、自然の中で慎ましく自己を見つめ平穏の生活を送る。これらはだれしもがふと思い描く人間の根底にある共通した心情、憧れともいえるが、特に仏教思想と結びつき無常観を媒介に浄土教思想によってより深く思想化されてゆく。都での生活を捨て、山中にわけ入り草庵を営むとはいえ、それらは単なる自然崇拝、素朴な自然主義でないことはいうまでもない。9世紀に興った天台・真言の密教を中心に「本覚思想」や「即身成仏」の思想が広められるが、それらはあらゆる存在の中におのずから仏性が宿っているとし、人が肉身のままで、そのまま仏に成ることができるとされ、「隠遁の思想」の底に流れている基調音となっている。ここでは深山は聖なる領域、「山中他界」の考えとも結びつき、「他界」すなわち「浄土」として、進んで山中にわけ入り、修行を行う。まさに「山河草木悉皆成仏」、それはつねに生と死、滅びと再生のイメージを孕(はら)んでいる。

　茶の湯のおける「市中の山居」の源流は、ここにつながっているのである。あらゆる名利、権力、地位、世俗を捨て人里離れた山中にわけ入る「隠遁の思想」は、世俗的な一切を諦めること、見方を変えれば「諦念(ていねん)の居直り」ということもできる。いや、単なる諦念からさらに深く死と向き合いそれを肯定的に受け入れてゆくこと、「滅びの基調」とでもいうべき心情の高まりへと昇華している。「滅びゆくこと」の肯定、「滅びの基調」、そこで語られる〈粗末〉〈貧しい〉〈不足した〉〈不完全な〉〈移ろいやすい〉などの負の心情あるいは実状は、仏教観に導かれながら己自身を見つめ返し、おのれの執着から離れ一切を解放してゆく。自己本来の自然性(じねん)＝仏性に立ち戻ること、まさに自己放棄はそのまま自己肯定、解放へと昇華され思想化される。それを長明や兼好は「いとわびし」という慈しみ、慎み深い愛着を含んだ言葉で包み込み、さめざめとした人生の深い味わいによる自己充足の心情へと導いてゆく。社会的な上昇ではなく下降、降り来たること。何処へ！　満水の水がわずかなズレや傾き、あるいは割れによってしずかに流れ始めるように、時とともに空間を充たし、それらは中世の思潮、美的な情感をも含めた基調となって流れ始める。まさにその流れの中から茶の湯における「侘び」の美意識・心情は派生しているといえよう。

■侘びの美意識　相対性の美　吉田兼好『徒然草』をめぐって
　そうしたさまざまな心情を包括する「侘び」の思想と美意識は、一言に定義することはできない豊かさの中にある。それは、日本文化そのものが、西洋的な論理によって構築される普遍性を目指し演繹と帰納による客観的実証性への担保を求めるものではなく、その時々の生活感情にゆれる個々の心情的なあり方、心の真実、人生の教訓などを自然の営みに寄せて編み込むことで、それを風土的な情感＝思想としているからである。特に仏教、とりわけ浄土教と禅宗の影響は深く大きいものがある。禅宗における「無」の体得は、「教外別伝　不立文字」といわれるように、理屈・論理を超脱したところに開かれている。世界を壮大な論理の構築からなる普遍性の中に捉えるのではなく、論理を超脱するがゆえに、些細な日常の心情のゆらぎの中にこそ普遍性が宿ることを知るのである。それゆえに、より多くの心情、存在の当体と意味、心の真と信をその内に含ませることができるともいえる。
　「侘び」という美意識は、〈不足あるいは欠如の美〉〈不完全の美〉〈粗相の美〉〈着飾らない自然な美〉〈無作為な美〉〈余情の美〉〈相対する美〉〈時間・空間性の合一〉〈偶然性の美〉〈余白の美〉〈逸脱の美〉〈滅びの美〉、さらに〈傾き、破れ〉などといった状態をも包括する。さらにさまざま挙げることができるであろう「侘び」の美意識は、これらの情感を縦糸と横糸のようにして紡ぎ出す織物のようでもあって、その中心部、本質は決して言葉では表せないが、それでいて共有するそれら周縁の情感を豊かに備え、さまざまな暗喩的変容となって揺らいでいるのである。
　これらの諸相はいずれから紐解いても、たがいに関係を保ちながら結ばれ合い、「侘び」という美の領域へ辿り着くことができるものである。そうしたことを念頭に置き、ここでは一例としてその中の「相対する美」を取り上げて、それを入り口にして「侘び」の意識を考えてみることとする。
　さて、「侘び」の概念を最も端的に表しているものは和歌、散文を中心とした文学世界である。「隠遁の思想」を代表する吉田兼好の『徒然草』では「相対する美」について的確な喩えをもって述べている。
　　花はさかりに、月はくまなきをのみ見るものかは。　雨にむかひて月をこひ、たれこめて春の行衞

知らぬも、なほ哀に情ふかし。咲ぬべきほどの梢、散りしをれたる庭などこそ見所多けれ

『徒然草』百三十七段

　[花は満開の咲き誇った盛りの花を愛でるものでしょうか？（いいえ私はそのようには思いません）月は雲の出ていない煌々と輝いている完璧な月の姿をのみ愛でるものでしょうか？（いいえ、私にはそうは思われません）]

　ここで兼好は、満開の花、煌々と輝く月の、非の打ち所のない「完璧な美」をさけて、いまだ咲きそうにもなく花弁を閉じている花の梢、あるいは雲間隠れに見える月こそしみじみと心に深く感じ入るものだとして、「哀に情ふかし」という最高の賛辞を呈している。「満月の完璧な美」すなわち「完全性」から離れて、雲間隠れに移りゆく月、すなわち「相対性」へと兼好の意識は移ってゆく。そこには時間が経過し、時おり月を隠し流れゆく雲を通して相対する変化の相とともに、また、やがて美しく咲く花の梢の、未だ固く閉じたその風情に時の流れを重ね、見者の意識もともに映じ漂ってゆく。

　「相対の美」とは、対峙する美の客観性の中にあるのではなく、移りゆく時間性を含めた心のゆらぎである。眼前に見える月の景色をただ、客観的な美として認めるだけでなく、目の前に移りゆく景色とそれを見る人の心が一つに解け合い、時間の中をともに移ろってゆくのである。主と客体の同化が同時に進んでいる。

　さて、兼好と同じ心情を侘茶の開祖とされる珠光は「月も雲間のなきは嫌にて候」[私は雲の出ていない月などいやでございます]と述べている。これは茶の湯者が直接のべた最初の相対的な美意識の宣言ともいえる。

　「相対する美」は「空間性」ばかりではなく「変化の相」として移ろいゆく「時間性」を内在していることは重要なことである。そこでは「完全性」は「不完全性」に、究極的な「普遍性」は「個別性」に、「静止」は緩やかな「動き」「ゆらぎ」へと変換されているのである。織豊時代の焼物が、中国あるいは西洋の美に見られる完璧な抽象形態ではなく、不定型な変化に富んだ歪みをもった形態となり、自然な偶然性をともなう土や釉の変化、またひび割れさえもが一つの景色と愛でられるのは、「相対する

美」の領域に花咲く侘びの美意識、思想によるものであって、それらが単に空間的な美として成立しているのではなく、そこに「時間性」が含まれることを見逃してはならない。その「時間性」こそが、侘びの本源、「滅びの基調」、滅びと再生のイメージへと回帰させる。さらにつけ加えるならば、中世を引き継いだ〝安土桃山の美〟、前述した長次郎の「二彩獅子」や永徳の「唐獅子図屏風」に見られる「動勢表現」は、言葉を換えれば「時間性の内在」として捉え返すことができる。宗達の「風神雷神図」はまさにその意味では静止した瞬間の固定化、「空間性の完全化」「時間性の排除」といえるのかもしれない。重要なのは「空間性の相対化」ではなく、空間性の中に見られる「時間性の相対化」であるといえる。それこそ「生死一如」、仏教的世界観・思想を辿る入り口へと繋がっている。

■侘びの究極　相対性からの超脱　『徒然草』と「長次郎茶碗」

　再び「長次郎茶碗」に話を戻してみよう。
　かつてイタリア、フランス、オランダの3ヶ国で樂歴代展「RAKU—A Dynasty of Japanese Ceramists」を開いたが、そのおり、長次郎茶碗を解説する的確な言葉がないのに困った経験があった。解説するための言葉が見あたらないというよりは、長次郎茶碗は言葉による認識(説明や表現)を拒絶しているところに成立していると思われる。長次郎茶碗は、同時代の他の焼物の中でも特異な位置にあって、黒樂茶碗、赤樂茶碗ともに、土・釉薬などによる装飾・変化は極力抑えられており、黒樂茶碗においては光沢の失せた黒釉にすっぽりと覆われている。赤樂茶碗は、胎土が火の中で赤く染まってゆく土の素朴な色合い。我々は「赤樂茶碗」を「赤」という色の認識でもって捉えているが、実際には赤ともつかず、茶色ともつかず、土色ともいえない形容しがたきものである。しかも造形的には可能なかぎり装飾、変化、作為、あるいは個性そのものをも消し去ろうとしているように見える。装飾も、変化も、もちろん誇張も削ぎ落とされた、モノトーンの世界。そこには先に述べた「相対的な美」の要素もうかがい知ることはできない。その削ぎ落とされた姿は、抽象形態でもなく、抽象形態の単純性・純粋性でもなく、

シンメトリックな完全性でもなく、つまりは普遍的な美の構築を希求したものでもないことは明らかである。それは究極、デザインを拒絶し、言語・論理による認識を超脱する彼方を遙か眺めている。

　さて、再び兼好に戻ろう。
　『徒然草』百三十七段はその先さらに、「雨にむかひて月をこひ、たれこめて春の行衞知らぬも、なほ哀に情ふかし」と続いている。
　ここでは相対的美の象徴である「雲間の月」はすでに姿を消し「雨夜の月」。いや、雨が降っているからには空に月は見えず、ただ深い行方も知らぬ闇があたりを充たしているだけ。その「雨にむかひて月をこひ」、しとしと降る雨の闇夜に向かって月を恋う。その心情が、見えぬ闇夜の月が、「なお哀れに情け深いものだ」と兼好は呟いている。雨の夜の月、厚く垂れこめた雨雲に覆い隠された闇夜の月こそ、すっぽりと墨染めの黒釉で覆われた長次郎の黒樂茶碗ではなかろうか。
　すでにふれたように、樂茶碗のルーツは南中国の素三彩である。この最もカラフルな釉技をもつ焼物が、長次郎によって、土色の赤樂茶碗とすっぽりと黒釉で覆われる黒樂茶碗というモノトーンの世界に変換された。カラフル世界からモノトーンへという対極への転換は、きわめて高い意識性、思想によってこそ成し遂げることができたのではないだろうか。
　利休の「侘び」の思想、その意識性たるや、長次郎茶碗において一切の妥協を許さぬほどに徹底されている。茶碗は通常よく高台部分などを土見せとし、胎土の土をうかがうことができるが、長次郎茶碗はすべて総釉、高台部分も黒釉ですっぽりと覆われている。通常、土見せ部分は土の味わいを楽しみ、しかもそれが高台部分であれば、その削りの力強さや巧みさ、絶妙な間合いなど、釉薬に覆われていないだけにより直接的に作者の意図を感じることができる。土見せ部分は焼物好きにとっては見逃すことのできない見所、興味の集中する所に違いない。その楽しみな部分を長次郎茶碗はすっぽりと黒釉で塗りつぶす。それはさまざまに変化する造形の発する言葉をことごとく削ぎ落としてしまうこと、情緒や

ニュアンスはもとより作者の個性までも厚い黒釉で覆い、捨象してしまうことである。まるで白いカンバスをただ黒く塗り替えた現代美術のように。長次郎茶碗よりわずかに遅れて世に出る瀬戸黒茶碗や志野茶碗は、ことごとく底部を大きく土見せとしている。それはそれら美濃焼茶碗が造形性を追求した茶碗であることの当然の帰結ともいえる。長次郎茶碗には、特殊な形状をもつ赤樂茶碗「道成寺」[図版p.21]をのぞいて、一碗も土見せの茶碗はない。もし単に造形を見せるものならば、そのさまざまなバリエーションの中で数碗ぐらいは土見せのものがあってもよさそうではないだろうか。長次郎茶碗の総釉とモノトーンへの思考のこだわりは、徹底した意識性によって貫かれていることが理解できる。造形の奥に激しく貫かれている思想、玄々とした黒釉ですっぽりと覆われた長次郎の黒樂茶碗、それはまさに兼好の見る「雨夜の月」と重なる世界である。

　では兼好の「雨夜の月」、見ることのかなわぬ「不足不在の月」は何処に輝いているのだろうか？低くたれ込めた雨雲の遙か彼方の高空にあって目で見ることはできぬ月。私は兼好の「雨にむかひて月をこひ」と恋い慕った月は、まさに兼好自身の心の中にこそ輝いているのではないかと思う。その究極的な闇夜の月、兼好の心の中に輝いている月は、雲による相対的なニュアンスも、煌々とした月の完璧さももはや必要としない。好みや嗜好を超えて、その心の中にあって同時に雨雲の向こうにもある、あらゆるところにあって普遍する月。人が愛で嗜好の対象となる高台の篦(へら)の作行きも、土の味わいも、すべては打ち消されていることのように。

　さて、話は一気に現代に飛ぶが、私は時おり樂美術館を訪れる小学生のためにワークショップを行う。子供は率直でしかも興味のあることにしか目を向けない。いかにこちらに興味を引きつけるか、至難の業であるが、その小学生がどうしてここ(樂美術館)には黒い茶碗ばかり置いてあるのかと質問する。答えに窮しているとさらに「おじさんもこんなまっ黒けの茶碗つくっているの？…？　おじさん色きらいなん？　黄色とかピンク色とか何で使わないの？」と。大人達が自明のこととして一度も疑問を立てなかったこと、「樂茶碗はどうして赤樂茶碗と黒樂茶碗なのか」という根本的な疑問を、彼ら小学生は問

うている。たとえばこのような回答があるかもしれない「黒はすべての色を含むから」と。小学生が「ふうーん」と受け流す。あわてて「学校でお絵かきの時、君らの絵の具、全部混ぜると黒になるだろ、黒にはすべての色が詰まってるんや」、苦しまぎれの答弁。すでに半数以上がそっぽを向く。しかし、時に彼らとの幸福な出会いもある。「何で黒ばっかりなんや」と彼ら。「おお、それか、それ夜空や！ 野原で大の字に寝てみ、空、広がっとるやろ。」と私。「星ないで！」と彼ら。「見てみ、じっと見てみ！」と私。すると「あそこに見えた、ここにもある」。てんで勝手に夜空の星を彼らは黒い小さな茶碗の中に見つけ出す。彼らに導かれ口をついた言葉「夜空！」。しかし同じ回答は二度と成立しない。それは言葉が文脈を成立させる以前、言葉の結ばれぬ先に発せられたもの、何の言説も介在せずに、彼らと長次郎の黒樂茶碗と夜空と私は、一瞬に結ばれ一つになる。兼好の「雨夜の月」と小学生が長次郎の黒樂茶碗にみる「夜空」、決して無縁とはいえないイメージの接近がある。玄玄としたモノトーンの広がり、それは相対的世界を超脱して、美そのもの、認識そのものを呑み込み、闇たる宇宙の彼方、生死の入り口まで続いている。そこは老子曰く「玄のまた玄」すなわち「衆妙の門」[注8]であると。

私論　認識の彼方へ　長次郎とデュシャン

さまざまに発せられる造形言語をことごとく削ぎ落としてしまう長次郎黒樂茶碗。美の微細なニュアンスや情緒性はもとより、作者の個性までも玄く厚い釉で覆い捨象してしまうその強い意識性に、私は現代美術との距離の近さを感じてきた。かつて私は現代美術の生みの母とも言うべきマルセル・デュシャンについての評論の中で、デュシャンが語る興味深い引用文を見いだした。それはいわゆるオブジェと称するレディメイドアートに関わる述懐であるが、そこでデュシャンはこのように述べている。「レディメイドの選択は大問題だった。在る物体をどんな種類の美的なよろこびからもこの物体によって印象づけられてはいないと考えて選ぶことができなければならなかった。(中略)永久に興味をひかず、美しい、

[注8]「衆妙の門」
『老子　上編』第一章
道可道　非常道　名可名　非常名　無名天地之始　有名　万物之母　故常無欲　以観其妙　常有欲　以観其徼
　此両者　同出而異名　同謂之玄　玄之又玄　衆妙之門
[意訳：タオイズムの本源「道」が認識の所産として語り得るものであれば、それは不変の「道」ではない。それがもし名付け得るものであれば、それは不変の「名」ではない。天と地が出現した世界のはじまりにはすべて名付け得るべくなく、「無名」名なきものであった。「有名」名あるものは万物の母にすぎないといえる。永遠に欲望から解き放たれるもののみが、「妙」すなわち秘された本質を体得することができ、欲望から解き放たれないものは、決してその本源を得るにあたいしない。「徼」すなわちその結果だけしか見ることができない。しかし「妙」と「徼」この二つは名を異にするが同じものから派生している。この根源的な同一のもの、すべてのものの本源すなわち「玄」と呼ぶ。「玄」その闇きものはなお一層奥深いところにある「玄」に覆われ、それはあらゆる「妙」、すなわち存在が生まれ出る門なのである。]

きれい、目に快い、あるいは醜いものになるどんなチャンスもないような物体を選ぶことは難しい……」(「マルセル デュシャン論」オクタビオ・パス)。つまり「『レディメイド』は絶対的な無関心を要求するのである」と。あらゆる認識から見放されていること、美しいことも、醜いことも、ものに付随するあらゆる認識と意味性から解放されていることが、「レディメイド」の作品として取り上げるコンセプトの根底にあると述べている。言葉をより厳密にすれば、＜認識と意味性から解放されている＞結果としてではなく、＜認識と意味性を奪取すること＞あるいは一撃の下に打破することと言うべきであろうか。現代美術の神話ともなりつつあるデュシャンによる「レディメイド」作品の代表作は男性用便器を「Fontaine」つまり「泉」とタイトルを付け替えただけで何も手を加えずそのまま展覧会に出品した作品である。人々は大いに驚き、批判の的に晒されたことは言うまでもない。芸術＝美であり、高尚な何か、あるいは自己の内奥世界を表現するものと考えられていた芸術界とその愛好者にとって、デュシャンの「Fontaine」はきわめて不埒な作品、芸術を愚弄するものと思われたに違いない。

　たしかにギリシャ・ローマ以来西洋は、「芸術＝美」の中に人類の数多の理想を詰め込み、また、近代以降は個人主義の台頭とともに個人の内面・心情の吐露を激しくキャンパスに打ち付けてきた。その長い歴史を通して芸術は、たしかに「芸術＝美」でありつづけた。しかしはたして「芸術＝美」なのであろうか。それは美術史家の整理棚の上に順序よく列べられた美術史にすぎないのではないだろうか。多くの芸術が世界に産み落とされるやいなや、大いに不評を買い排斥されることが多いのは、いかなることかと。それにもまして、世界を振動させてきたのは、まさに当時の常識を越えた表現がそこにあるからであって、そこでは普遍的な人類の理想や個人主義への拘泥はなんの意味ももたないのである。つまりは芸術は整理されきまりきった認識に保護されて生まれるものではなく、世界の常套的な価値観を超え、それらの尺度では決して理解することの及ばぬ何かを現前させているからこそ、世界に激震が走り、既存の価値観に亀裂が入る。まさに芸術は認識を打ち破る「激震」あるいは「亀裂」である。デュシャンが醜美の認識に搦め取られないものを選ぼうと考えたのも、逆に世間の認識を逆手に取り、醜悪

な表現として動かしがたく決定的な認識に搦め取られている「便器」という物体をそのまま展覧会に「泉」と題し提出したのも、認識との対峙、認識へのデュシャン流の反逆、つまりは世界の価値観、いや認識そのものへの挑戦であった。たしかに芸術は美であることは多いが、生まれとして美は芸術の絶対的な価値観ではない。むしろ芸術はそれらが属する世界そのものの認識を激震させる一本の矢、あるいは剣である。世界の常識が営々と築き上げてきた構築物に激しく斬りつける一突きの刃、鋭く貫く一本の矢。その時、硬直した世界の価値観は大きく歪み傷口をさらけ出し、みずからの虚栄を白日の元に晒す。芸術は常識と化した価値への激しい反逆、そのこと自体が新たな価値をまた産み落としてゆく。まさに、認識は言葉であり論理である。たしかに認識は言語作用によって世界を意味あるものに再構築し、共通する価値世界を構築する。産み落とされたばかりの言わば「反価値」はやがて安全に管理され、教育を通して美術史家の本棚の中の体系に組みこまれる。したがって芸術と認識は永遠の相克を繰り返す。デュシャンほど言語と芸術の距離を手厳しく批評した人はいない。彼はあらゆる方法を用いて言語・認識に戦いを挑む。言語と手を切ること、あるいは言語のもつ認識の領域を逆手にとって切り返すこと。一気に何もかも、芸術も美の理想も、それら認識の一切の牙城に激しく斬りつけること。その時、芸術は言語をこえて認識の彼方、自由へと飛翔する。

　私は現代美術の母デュシャンと同じ視線を、すべてをすっぽりと黒釉で覆う長次郎茶碗に感ぜずにはいられないのである。長次郎茶碗はいかなる言語にも置き換えられない世界を胚胎し、認識からの搦め手をするりとかわして無意性のあちら側に抜け出てしまう。一切意味が消されていること、黒であるという認識さえも。まさにある小学生が「おじさんこれ、黒とちがうで、泥でつくったんか」と称した黒樂茶碗、兼好の心に映じた「雨夜の月」、また「不立文字　教外別伝」と禅の奥義をもち出すまでもなく、長次郎茶碗のすべてはあらゆる言語・認識からは超脱しているのである。

　もし同じ織豊時代の美濃焼茶碗なら、そのものの具体性に即してさまざまに言語を用いて解説することができるだろう。それらはさまざまな美的形容となって作品に結びつき、それを説明する。たとえば、

「大きく歪み誇張をともない白と黒の対比が鮮やかな織部茶碗」「白雪のような柔らかな白釉にほんのりとした火色の現れた志野茶碗」「野武士のように力強い瀬戸黒茶碗」等々というように。

しかし長次郎茶碗はそうした認識、形容を超然と拒んでいる。例えば「無作為の作為」などと解説したとしても、その理屈めいた言葉の戯れはあまりにも空疎であり、長次郎茶碗の本質を捉えてはいない。長次郎茶碗にまつわるすべての認識は、その認識が生じた瞬間に潰えて無に帰してしまうのである。まさに円でもなく、円でなくもなく、歪んでいるわけでもなく、歪んでないわけでもない抽象。もしも長次郎を言葉で捉えるなら、我々は永遠に否定形の形容詞を連ねるしかなく、それでも長次郎の核心はその抽象からもれ落ち、決して本源には至らぬ。張りめぐらされた言説の宇宙にあけられた空洞、すべての認識を呑み込み無に帰するブラックホール。それこそまさに日本文化の本性ではないだろうか。

私は長次郎茶碗にそうした本質を注ぎ込んだ利休いう人の自死の意味と原因を、「利休侘茶」の真意そのもの、それを担った長次郎茶碗の内に秘める激しい反逆性、あるいは異端性ともいえる超脱性に負っていると考えている。為政者秀吉が新しい世界の価値観のすべてをみずからの元に引き寄せ制度化しようとした最中、だた一人利休の侘茶が、長次郎茶碗が、体制の枠組、認識の制度化からまるで流砂のようにさらさらとこぼれ落ちてゆく。いくらつかみ取ろうと、自分の認識の及ぶ価値観の中に編成しようとしても、長次郎茶碗はその認識の網から抜け落ちてゆく。為政者はつねに価値体系の頂点に立ちたいと目論むものである。利休の茶は秀吉にとって、唯一己の価値体系、制度化の網から漏れてゆくものであった。ちなみに秀吉は長次郎の黒樂茶碗が気に染まぬものであったという。

客観的な世界観、普遍的な世界観の樹立に長い歴史時間を費やし、言語を組み立て論理によって世界を捉え再構築しようとした西洋文明の中で、ことに近代以降現代に関わる西洋の知は、ついにみずからの聖域である客観的認識の存立そのものを保証する合理性の領域にメスを入れ、切り込むすべを模索している。客観とは何か、主観とは何か、その境を定めるには、あまりにも世界は多重性の中にある。

20世紀のデュシャンと、16世紀日本の今焼茶碗長次郎は、東と西の異なる地点、異なる知の世界から飛び立ち、認識の速度を遙かに超越しながら歴史の中空で一瞬ニアミスを生じ、ふたたび認識の及ばぬ彼方に飛び去って行く。今後交わることはないのだろうか？

　1997年にイタリア・フランス・オランダで開催した展覧会「RAKU―A Dynasty of Japanese Ceramists」で、特にパリの日本文化会館の会場に詰めかけた多くのフランス人が熱心に長時間、長次郎の黒樂茶碗「俊寛」に見入っていた。彼らの一人、上品な銀色の髪の年配のご婦人であったが、拙い私のフランス語力を動員してようやく聞き得た「俊寛」の印象は短く心に響く一言であった。「静かだ、とてもしずかだと私は今感じている」と。しかし、西洋にも静かな空間、静かな芸術表現には事欠かないだろうに、私の好きなロマネスクの教会がそうであるように。その西洋の静けさとこの長次郎の静けさは一体何が違うとその夫人は考えておられるのだろうか。婦人は「それは静けさの質が異なっていると私は思う、それがどのように異なっているのかは、今の私にはわからない」とゆっくりとした口調で謙虚に答えられた。今まさに現代西洋の知が東洋の本質を深く捉えようと努力している。それはかつてゴッホやゴーギャンが日本の浮世絵のデザイン性や斬新なデフォルメに驚き、その様式美をみずからの画風に取り込もうとした、いわゆるジャポニズムの動きとは異なり、フランスの婦人の言葉は、単なる表現、造形様式の驚きとしてではなく、その奥に潜む東洋の、日本の思想性、思考のモードそのものを捉え、感じ始めているのである。東洋と西洋の新たな接近の可能性を私はそこに見る。

　2009年ヴェネチアビエンナーレに付随して行われたヴェネチア市立美術館 Museo Fortuny において催された展覧会「IN-FINITUM」では、最上階の展示場に特別にしつらえたやや薄暗い小部屋に、マーク・ロスコーの抽象表現主義の絵画１枚と、黒樂茶碗２碗が展示されたが、ロスコーの抽象表現もどこか長次郎茶碗とのニアミスを引き起こしているのだろうか。そういえばロスコーの平面も泥のような平面であった。展示された茶碗は私の作品であったが、私自身、ロスコーの作品には深い共感を寄せずにはおられない。

樂焼と樂家

長次郎と田中(樂家)一族

　樂家は織豊時代、「田中」の姓を名乗っていた。樂の姓を正式に名乗るのは江戸時代中期以降のことであるが、その頃でもまだ「田中」と「樂」が並列的に使われている。4代一入(1640-96)の茶碗の共箱には「樂焼吉左衞門(印)」と書付されたものがあるが「樂吉左衞門」とはまだ署名されていない。その後、5代宗入、6代左入の代(元禄から享保年間 1688-1736)になって、ようやく「樂宗入」「樂左入」などと正式に「樂」を名字としている。但し左入には「田中左入」と書かれた書付も見ることができる。

　江戸後期、9代了入(寛政年間 1789-1801)の時代になると「田中」の姓は書類的なものに留まり、作品の箱書などは「樂」の姓に統一されている。

　樂家の姓「田中」は田中宗慶にさかのぼる。元禄元年(1688)の『宗入文書』によれば、田中宗慶は2代目とされる常慶の父にあたり、田中家の長である。宗慶の子供に2代目とされる吉左衞門・常慶と庄左衞門・宗味の兄弟がいる。樂家の系図はその後、常慶の長男である3代道入へと受け継がれ、以後今日、15代吉左衞門となる私まで繋がっている。

　さて問題は長次郎時代、長次郎と田中家の人々との関わりである。すなわち『宗入文書　覚』によれば「長次郎かためにしうと庄左衞門但宗味とも申候」とあり、それを読み解けば「田中宗慶の息子である庄左衞門・宗味が長次郎の舅にあたる」ということになる。つまり、長次郎は宗味の娘の婿ということである。長次郎から見れば、田中家は長次郎の嫁方の家、田中家から見れば長次郎は娘婿である。

　田中宗慶の生没年は不明であるが、宗慶の制作した作品が伝世している。その中で「とし六十　田中天下一宗慶(花押)　文禄四年九月吉日」と彫り込まれた作品「三彩獅子香炉」[図版p.31]がある。やはり素三彩を基礎にした緑と黄と褐色の色釉を使用している。彫り銘はその獅子腹部にしっかりと釘彫りされており、胸のところに、宗慶印とのちに呼ばれる「樂」印がおされている。それにより、作者・田中宗慶は天下一を名乗り文禄4年(1595)には60歳であったことが知れる。頭部は欠損しているもの

樂家外観(次頁写真)
国・・・登録文化財
京都市・・・歴史的意匠建造物、景観重要建造物、歴史的風致建造物指定
樂家はおそらく天正年間半ば、聚樂第造営により現在地(一条油小路下る)に移り住んだと推定される。『松屋会記』の中に「今　油小路ニテニセテ　今焼キ候由」という資料が残されており、文献的に確認できるのは天正年間を下る元伯宗旦の時代である。その後、天明8年(1788)「団栗焼け」と称される大火により焼失したが、下京から燃え広がった大火は数日をかけて上京のほぼ全域といえる広範な地域を焼失させた。幸いにも樂家類焼まで時があり、重宝資料は運び出され焼失を免れている。その後、嘉永7年(1854)御所炎上時に類焼し、3年後、安政4年(1857)に再建された。それが現在の樂家である。

樂家外觀

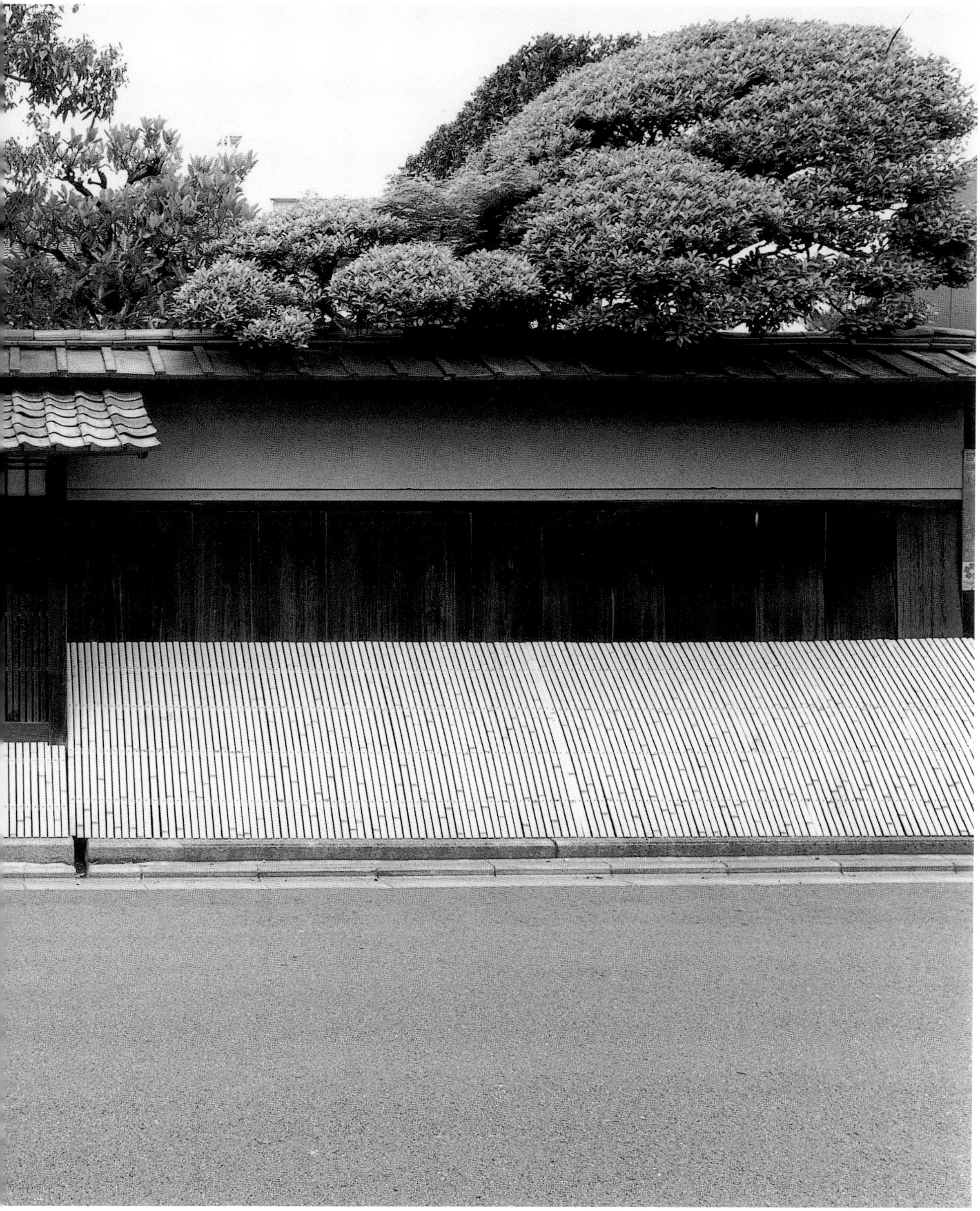

の(後に長入が補いつくる)、大ぶりで堂々とした風格をもつ「三彩獅子香炉」は、宗慶がしっかりとした陶技術をもっていたこと、さらに、すでに述べた通り、樂焼のルーツが中国明時代の素三彩にあることも示している。

特に年号、とりわけ「文禄四年」の記載は興味深い。田中宗慶をめぐる重要な伝世資料は他にもあり、それらが「文禄四年」前後の年に集中していることも興味深く、初期の長次郎窯と田中家の状況を知るうえで宗慶の存在は以前にも増して重要性が高まっている。その一つに不審菴が所蔵する長谷川等伯筆、春屋宗園賛の「千利休画像」[参考図版 p.277]がある。この春屋宗園の賛の中に「利休居士肖像常随信男　宗慶照之請賛」と9月24日という日付が記されている。すなわち利休につねに付き従っていた信男宗慶が、この利休画像を自分に照らして賛を請うたのでこのように賛をした、と春屋宗園が記している。書かれた年号はやはり文禄4年、先ほどの宗慶作「三彩獅子香炉」の制作年と同じである。何らかの理由により、宗慶は長谷川等伯に利休の画像を依頼し、できあがるや春屋宗園に賛を願い出たのである。

文禄4年は利休没後4年にあたる。その頃には、すでに千少庵も会津から京都に帰洛し千家再興をはたした頃と考えられており、宗慶の残した文禄4年の年紀銘のある「三彩獅子香炉」と等伯筆「千利休画像」は、おそらくそうした史実と何らかの関係をもつものと推察されている。

そうした状況を補完する資料として、白河城の宿将・町野長門守が吉左衞門・常慶に与えた通行書「町野長門守伝符状」[参考図版 p.277]が残されている。伝符状は一種の通行書であるが、これによれば「天下一ちゃわんやき吉左衞門が飛州様(蒲生氏郷)への御見廻り(お目通り)のため会津に下るので、肝煎百姓(庄屋)は馬2匹を差し出すように」という内容である。宛先は「いいとい」他8村の「肝煎百姓御中」(庄屋)とある。これを携え吉左衞門は白河関を通り茨城街道を北上、これらの村を通過して会津まで旅をした。但し、天下一の茶碗焼とはいえ一介の陶工職人が旅をするには何とも過分な配慮である。「飛州様為御身廻　被下候(飛州様御見廻りのため、下られ候)」とあるが、実際の用向きは他にあったので

千利休画像
長谷川等伯筆　春屋宗園賛　不審菴蔵

文禄第四乙未歳舎季穐念四日
上完香供云
宗慶照之請賛伽陀一絶係
利休居士肖像常随信男
斯翁争得知
旧時姿趙州旦（且）坐喫茶底苦不
頭上巾兼手中扇儼然遺像

町野長門守伝符状

天下一ちゃわんやき
吉左衞門　飛州伝
御身廻　被下候伝
馬弐疋可出者也
長門守（書判）
十一月廿一日
　いいとい
　こや
　まきの内
　なかぬま
　せいしとう
　見よ
　ふくろ
　あかつ
　はら村
肝煎百姓御中

はないだろうか。
　会津には利休自刃ののち、お預けの身となっている少庵がいるが、少庵は徳川家康・蒲生氏郷連名の赦免状により帰洛し千家再興をはたす。おそらくこの「町野長門守伝符状」は、許しを受けた少庵を迎えるために吉左衛門・常慶が会津まで出向いた時の伝符状ではないか、と推測されている。年号の記載はないが、伝符状の日付は11月21日、また表千家にある家康、氏郷連名の「少庵許し状」(召出状)は11月13日と、同じ11月の日付である。少庵が文禄4年には京都の戻っていたと考えるならば、会津からの帰洛はそれ以前、文禄2年あるいは3年あたりであろうか[注9]。但し、この2つの文書を結びつけるのはあくまで推論である。一説には町野長門守の活躍時期から考えて、文禄3年というのはやや時代が早すぎるのではないかとする説もある。
　田中宗慶、常慶・宗味親子に関する資料として、京都の日蓮宗本山・頂妙寺に残されている天正4年(1576)の勧進記録(『頂妙寺文書・京都十六本山会合用書類』)がある。荒廃した都の法華・日蓮宗の寺を再興するため勧進されたとする勧進帳(寄付台帳)の上京の部に、田中宗慶、常慶、宗味の名前が記載されている。それによれば宗慶は南猪熊町に住まい、常慶は中筋町、宗味(宗味内とある)は西大路町に住まいしていたことがわかる。興味深いのは、宗慶の住所、南猪熊町である。現在残る「北猪熊町」がそのまま天正年間までさかのぼれるとすれば、「南猪熊町」は今出川通をはさんだ南側の南北の通りとなり、10年後、天正14年には聚樂第が建てられ、利休の聚樂屋敷とも重なりかねない場所となる。天正4年の段階の田中家は、現在の樂家(油小路一条下る　油橋詰町)の場所ではなかったようで、おそらくは天正14年、聚樂第造営にともない現在の油小路に移ったのではないかと考えられる。残念ながら頂妙寺の勧進記録に長次郎の名前はない。
　このように田中宗慶を長とする樂家の前身「田中家」は、利休没後、千家再興にも大いに力を尽くすとともに、長次郎没後の長次郎窯を継承し今日の樂家の基礎を築いたといえる。
　長次郎は天正17年(1589)もしくは利休自刃ののち文禄元年(1592)に亡くなるが、初期の長次郎の窯

[注9]文禄2年あるいは文禄3年
蒲生氏郷は文禄元年(1592)の「文禄の役」の陣中で体調を崩し、文禄2年(1593)11月に会津に帰国、翌文禄3年(15924)春には再び京都に上洛したが、さらに病状がかなり悪化、文禄4年(1595)2月7日、伏見の蒲生屋敷において死亡した。享年40才。
したがって「少庵許し状」(召出状)の年月は文禄元年から3年、しかも氏郷が会津にいる時となると文禄2年とさらに限られてくる。もし「町野長門守伝符状」がそれに付随するものであるなら、一番可能性の高いのは文禄2年ということになる。それを外すと、文禄4年、氏郷急死ののち家督を継いだ秀行の時代となり、さらに慶長3年(1598)、秀吉の命令で会津から宇都宮移封されるまでの期間となる。

は長次郎を中心に田中宗慶を長とする家族集団で協力しながら営まれていたと考えられる。

長次郎没後は、田中宗慶を中心に吉左衞門・常慶が活躍、樂家の礎を築いていった。樂家の家祖を長次郎とするならば、現在の樂家は直系ではない。長次郎の直系の可能性は、吉左衞門・常慶の家筋ではなく、その兄弟である庄左衞門・宗味家にあったかもしれない。『宗入文書』には「宗味孫子　東山素林寺ニ有候」と証している。宗味の孫とは、ひょっとすれば宗味の娘すなわち長次郎との間の子である可能性も無くもない。利休没後、田中宗慶と常慶親子の活躍は特筆すべきものがあり、次世代を継ぐ力量は充分すぎるものであるが、あくまでも長次郎を中心に考えれば、直系からはずれてしまう。この継承のあり方は、時期を同じくする利休から少庵へと継がれる千家継承のあり方とよく似ている。すなわち、千家が利休自刃のあと少庵によって千家再興が遂げられるが、少庵は利休の実子・直系ではなく、利休の後妻宗恩と前夫・能楽師宮王三郎との子である。利休には実子道安があり、すでに茶の湯者として活躍していたにもかかわらず道安が継がず、利休とは血縁をもたない嫁方の連れ子・少庵が千家を継ぐ状況は、長次郎とは血縁のない嫁方の常慶が長次郎窯の2代目を継ぐのと状況がよく似ている。但し千家はその後、少庵が利休の娘・亀を娶り、その子息・元伯宗旦によって利休の血脈が繋がれたとされている。

おりしも時代は、豊臣から徳川への政権の移行、旧体制から新体制への過渡期、おそらく一家一族の存亡をかけた政治的配慮が働き、旧体制とは最も縁の遠い人物、即ち嫁方の縁をもつ人間が次の時代の跡継ぎとなり、新たな出発を遂げてゆく状況を生み出したのではないだろうか。文禄4年という同じ時期、千家と樂家それぞれの家の次代継承のあり方はあまりにも酷似しているといわざるを得ない。常慶はこの後まもなく、本阿弥光悦の計らいにより徳川家の庇護を得て、新たな時代へと繋げている［参考図版 p.280+ 本阿弥光悦消息　曾我又左衛門宛］。

東京・芝にある徳川家の墓所増上寺にある秀忠の墓所から常慶作の「香炉釉阿古陀香炉(在印)」が発掘されている。葬られた秀忠の棺の前端あたりにその香炉は置かれていた。その香炉の底部には「樂」

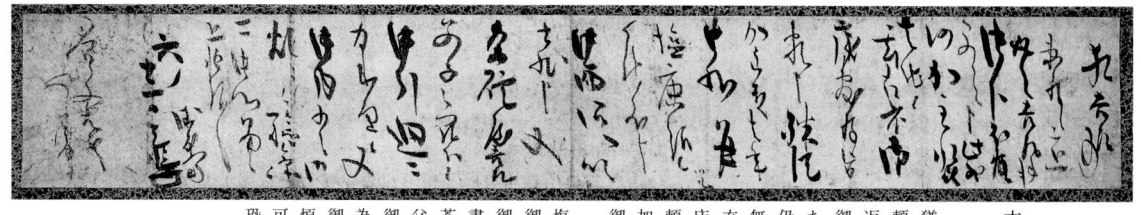

本阿弥光悦消息 曾我又左衛門宛

猶　吉左事
頼存候　已上
返々　吉左事　キ
御下不存候
たのミ申候　此外
仍　加主水殿
無他候
玄古老　御
御状併
　　　　　ツル
塩鹿給候
御報不申候
御両所ヘ以
書状申候　又
茶碗屋吉左
父子　被罷下候
為本望候　又、
御引廻可
御内少々御
煩ニ候　驗気候
可御心易候。
恐惶謹言
　六ノ廿二日　　光悦（花押）
　　　　　　徳友庵
曽又左殿
　　人々御中

曾我又左衛門は慶長5年家康に召され徳川家の禄を得、以後、秀忠側近くに使える。文面中段から吉左衛門親子の江戸下向、徳川家への取りなしを言葉を重ねて依頼する様からは、光悦と樂家の親密な関係がよく理解される。この下向によって樂家は徳川家への出入りを得たのであろう。

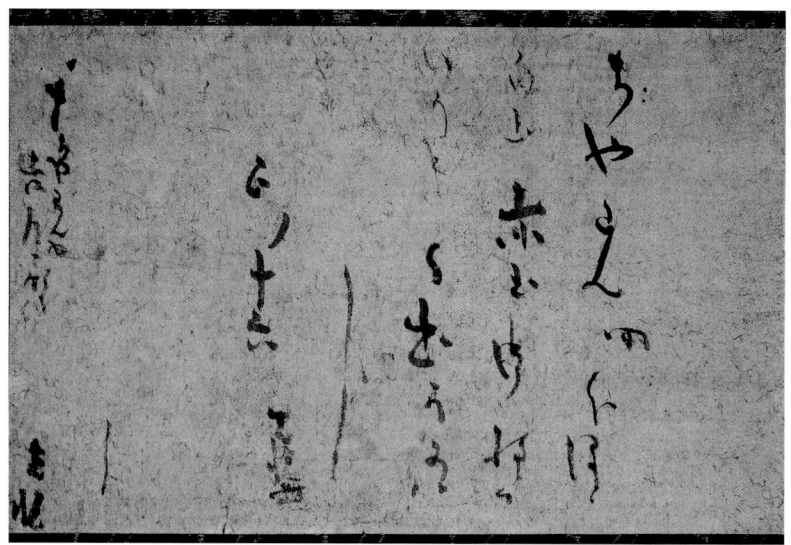

本阿弥光悦消息 ちゃわんや吉左宛

ちゃわん四分ほと
白土赤土御持候而
いそき御出可有候
　　　　　かしく
正ノ一六　光悦（花押）より
ちゃわんや吉左殿
　　　　　　光悦

光悦は晩年、常慶、道入の手助けを得て手遊びの茶碗づくりを楽しんだ。本文は樂家に土の依頼をしている。簡素な内容の中に光悦と樂家の人々の間の親しさがあふれている。伸びやかな書き振り、字配りはいかにも光悦らしく、光悦の手紙の書を代表するもの。

樂家にはもう1通、「此のちゃわんのくすりをあわせ可給候　又くわうさちゃわんも可給候　光悦　吉左殿　参」と記された消息が伝わっている。光悦が自作の茶碗の釉掛けを常慶に依頼している。光悦の黒茶碗は樂家の窯で焼かれたと考えられ、常慶、道入の黒釉と同じものである。赤茶碗は樂家の釉調とやや異なるものも多く、晩年は道入などの助けを得て鷹ヶ峰に窯を築いてみずから焼成までを楽しんだことが推測される。

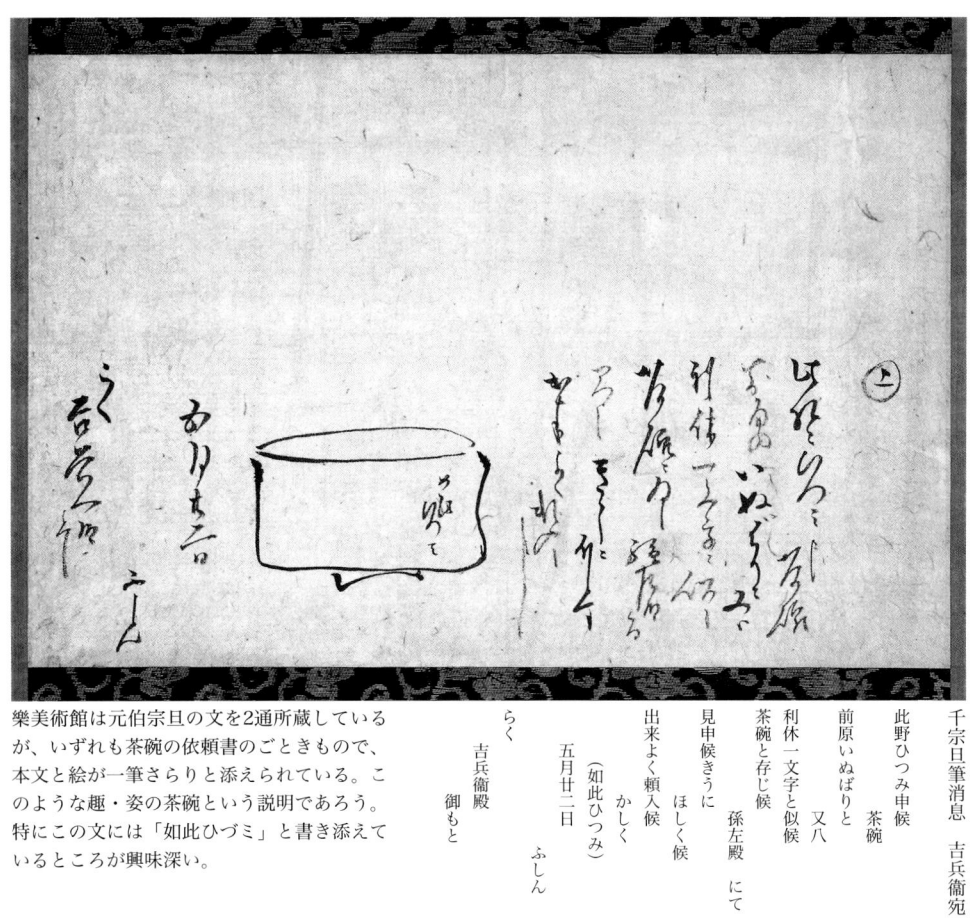

樂美術館は元伯宗旦の文を2通所蔵しているが、いずれも茶碗の依頼書のごときもので、本文と絵が一筆さらりと添えられている。このような趣・姿の茶碗という説明であろう。特にこの文には「如此ひヅミ」と書き添えているところが興味深い。

千宗旦筆消息　吉兵衛宛

此野ひつみ申候
　茶碗
前原いぬばりと
又八
利休一文字と似候
茶碗と存じ候
　　　　　孫左殿　にて
見申候きうに
ほしく候
出来よく頼入候
　　かしく
（如此ひつみ）
五月廿二日　ふしん
　らく
　　吉兵衛殿
　　　御もと

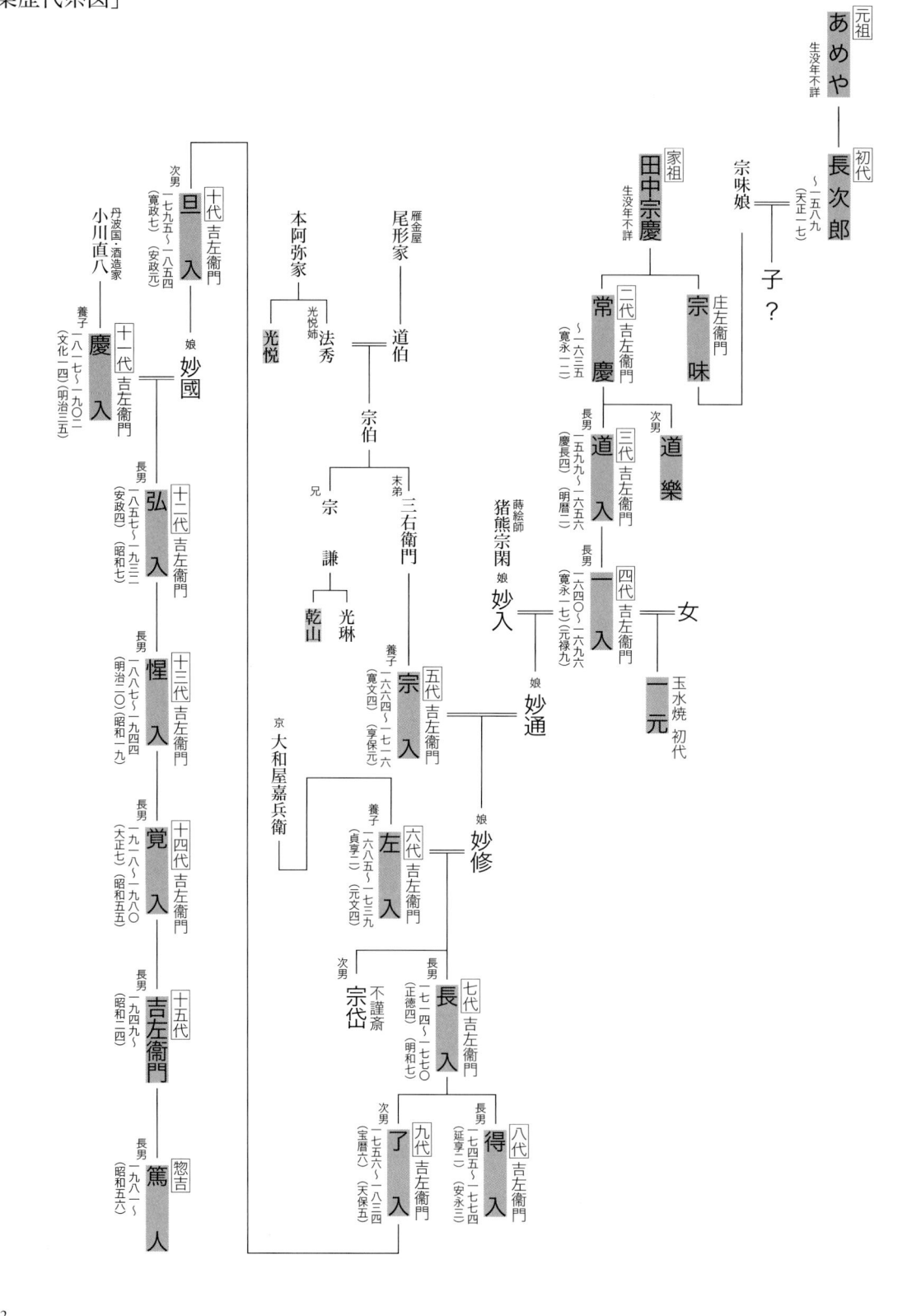

[樂歷代系図]

- 元祖 あめや（生没年不詳）
- 初代 長次郎（〜一五八九（天正一七））＝宗味娘 — 子？
  - 宗味 — 庄左衛門
- 家祖 田中宗慶（生没年不詳）
  - 二代 吉左衛門 常慶（〜一六三五（寛永一二））
    - 長男 三代 吉左衛門 道入（一五九九〜一六五六（慶長四〜明暦二））
      - 長男 四代 吉左衛門 一入（一六四〇〜一六九六（寛永一七〜元禄九））＝妙通（猪熊宗閑 娘／蒔絵師）
        - 女 — 一元（玉水焼 初代）
        - 養子 五代 吉左衛門 宗入（一六六四〜一七一六（寛文四〜享保元））＝妙修 娘
          - 養子 六代 吉左衛門 左入（一六八五〜一七三九（貞享二〜元文四））
            - 長男 七代 吉左衛門 長入（一七一四〜一七七〇（正徳四〜明和七））
              - 長男 八代 吉左衛門 得入（一七四五〜一七七四（延享二〜安永三））
              - 次男 九代 吉左衛門 了入（一七五六〜一八三四（宝暦六〜天保五））
                - 次男 十代 吉左衛門 旦入（一七九五〜一八五四（寛政七〜安政元））
                  - 娘 妙㓛＝養子 十一代 吉左衛門 慶入（一八一七〜一九〇二（文化一四〜明治三五））／丹波国・酒造家 小川直八
                    - 長男 十二代 吉左衛門 弘入（一八五七〜一九三二（安政四〜昭和七））
                      - 長男 十三代 吉左衛門 惺入（一八八七〜一九四四（明治二〇〜昭和一九））
                        - 長男 十四代 吉左衛門 覚入（一九一八〜一九八〇（大正七〜昭和五五））
                          - 長男 十五代 吉左衛門（一九四九〜（昭和二四〜））＝惣吉
                            - 長男 篤人（一九八一〜（昭和五六〜））
            - 次男 宗岱（不謹斎）
    - 次男 道樂
- 雁金屋 尾形家 — 道伯＝光悦姉 — 宗伯
  - 兄 宗謙 — 乾山／光琳
  - 末弟 三右衛門
- 本阿弥家 — 光悦 — 法秀
- 京 大和屋嘉兵衛

の印がくっきりと捺されているが、その「樂印」は太閤よりの拝領印と考えられる宗慶の用いた印とは異なり、秀忠からの拝領印ではないかと考えられている。まさに同じ時期、千家は少庵によって再興をはたし、一方、樂家(田中家)・長次郎窯も田中吉左衛門・常慶によって今日につづく礎を築いたといえる。樂家が常慶以後歴代「吉左衛門」を名乗るのは、そうした新たな歴史の出発を示しているのである。

常慶以後の樂家

　さて、常慶以後の樂家(田中家)は、常慶の長男吉兵衛、のちの吉左衛門・道入に受け継がれた後、今日に至っている。なお、常慶以後の樂家の系図はp.282の「樂歴代系図」通りである。

　その後、樂家は400余年にわたり一子相伝でその伝統は親から子へと確実に受け継がれて今日15代を数える。江戸時代の家父長制長子相続の制度から、基本的には長男が代を継承しているが、中に男子が生まれず、娘の婿として養子が3人入っている。4代一入の娘・妙通の婿養子として5代宗入が、また、宗入の娘・妙修の婿養子として6代左入が、また、10代旦入の娘・妙國の婿養子として11代慶入がそれぞれ他家より迎えられている。

　ちなみに5代宗入の実家は尾形家、父は雁金屋三右衛門である。したがって、三右衛門の兄・宗謙の子である光琳、乾山とは従兄弟の間柄となる。また宗入の曾祖母は本阿弥光悦の姉法秀であり、樂家は雁金屋尾形家とも、本阿弥家とも血縁関係にある。

　6代左入は京都の商家、油小路二条東入る大和屋嘉兵衛家から樂家に養子に入ったが、大和屋嘉兵衛なる人物の詳細はわかっていない。

　また、11代慶入は丹波国分(兵庫県)の造り酒屋・小川直八家から樂家に養子に入った。樂家で作陶の修業を行い、その技術は樂歴代の中でも特に秀で、幕末明治時代を背景に文人的な瀟洒な作風を残している。

樂家茶室　翫土軒（がんどけん）と露地
七畳洞床の茶室は広間とはいえ侘びた佇まい。文政元年(1818)表千家9代了々斎からもらった「翫土軒」の軒号が掛かっている。

樂家茶室
麁閑亭（そかんてい）外観と貴人口前
三畳の小間であるが、露地に面して瀟洒な三枚引きの障子がはまり、貴人口となっている。また露地に向かって軒屋根をのばし内囲いとし、中につくばいを設けるめずらしい造り。宝永5年(1708)表千家6代覚々斎より「麁閑亭」の号をもらった。

樂家の伝統「今焼の精神」

　樂家の伝統は「一子相伝」で親から子へと確実に受け継がれている。その基本技術の伝承はきわめて正確で、特に手捏ね技法、内窯焼成はそのままの形で初代長次郎まで430年余をさかのぼることができると考えられる。しかしそうした継承のあり方や技術の伝承の正確さよりもさらに重要なことは、樂家歴代の中に貫かれている長次郎の「今焼の精神」ではないだろうか。樂歴代の中を流れている気概「今焼の精神」、それは様式や技術など、形あるものを超えて受け継がれてゆくものである。その「今焼の精神」とは…。

　生まれたばかりの長次郎の茶碗がまだ「樂茶碗」という固有の名をもたず、単に「今焼」（今焼かれている茶碗）とのみ言われたこと。それこそ長次郎の茶碗がその時代に生き、新たな創造を生み出した証しであり、その事実を象徴するものではないだろうか。真にものが生み出される創造の刹那には、それを指し示す固有の名称など存在しないものである。長次郎以後、「樂茶碗」という名称とともに伝統が形成され、それは時代を経るに従いその重みと制約は大きくなるが、それでも樂歴代の中に流れている精神は、長次郎の「今焼」にあり、伝統を継承し背負いながらそれを生かし、時代とともにその時の「今」を創造する。決して模倣に堕ちないこと、「写し」に溺れないこと、自分自身の茶碗をつくり上げること。長次郎以後の歴代はつねに長次郎へ思いを寄せ、その本質を自分自身の内に問い続けたであろう。3代道入のモダンな茶碗も、5代宗入の長次郎への回帰も、9代了入の篦技法も、すべては長次郎を見つめる中で時代をつかみ、時代を生きた軌跡である。長次郎は尽きることのない精神宇宙でもあり、そこから歴代はそれぞれの自分自身の長次郎をつかみ取っている。それこそ長次郎に報いる「今焼」の精神である。

　まさに「不易流行」、変わらぬものと変わるもの、そこから歴代は樂茶碗というきわめて小さな世界、制約の多い世界であるにもかかわらず、それぞれ個性に満ち創造性にあふれた作品を生み出している。

黒釉という伝統の釉技を取ってみても、たとえば、長次郎の黒釉につぐ2代常慶はマットな黒釉、3代道入の黒釉は光沢幕釉、4代一入では黒釉に朱釉が混じり合い、5代宗入では侘びたカセ肌の黒釉、7代長入では漆黒の漆肌というように、歴代の黒釉は決して同じではなく、黒釉という制約の中に個性的な自分自身の釉をつくり出し、際立つ独自性、刺激的な挑戦を行い時代に問うている。また一方、そうした内に秘めた激しさとは別に、樂茶碗は穏和な温かい世界でもある。若くして亡くなった8代得入のように、柔らかな優しい世界を素直に表している作振りもある。あるいは7代長入のように泰然自若としたおおらかな世界も見られる。そこに自分らしさや気取らぬ心が手捏ねの素朴な土とのふれあいを通しておのずと現れていく。みずから巧まずして自分自身であること、それはまさに「守破離」の激しさ、「温故知新」の心であって、茶碗はいつも己の心を正直に表している。

　14代覚入は生前、「一子相伝で伝える樂家の伝統は、教えないことです」と話していた。たしかに樂家では秘伝書といった類のものをもたない。釉薬の調合や、制作方法などを記した文書もない。覚入の言葉の中には、樂家の伝統は決して踏襲されるべきものではなく、歴代が長次郎以来の伝統に向き合い、しかも過去をまねるのではなく、みずからの樂焼世界を築き上げなくてはならない。決して言葉で伝えることではない。みずから感じること。みずから疑問をもち、みずからがそれに答えること。決して模倣をしないこと。

　樂茶碗の究極の本質は長次郎において始まり、長次郎において完結していると言えるかもしれない。そこには何ら加えるべきものはなく、何ら取り去るべきものはないと…。長次郎の茶碗とはそういうものである。だから長次郎を模してはならない。そうした究極の本質をわきまえながら、自分自身の歩みをこつこつと進めることが、生きるということ、つまりは茶碗づくりなのではないだろうか。覚入の言葉は樂歴代の覚悟、戒めを含んだ強い決意でもあると私は思う。

　［注10］玉水焼
　一入の庶子弥兵衛（のちの一元）が母方の実家のある山城国玉水村（京都府綴喜郡井手町字玉水）に樂焼窯を開窯、樂焼を始めたのが興り。窯場の地名を取り、「玉水焼」と称されている。一元の後は長男弥兵衛・一空が2代目を、さらにその弟・弥兵衛（任土斎）と代を数えるが、任土斎は嫁を取らず、一元の血筋は任土斎で絶える。その後、伊縫家に受け継がれ、4代楽翁以後4代を数え、8代照暁斎が明治12年に没し閉窯した。

　［注11］大樋焼
　一入の弟子・長左衛門（1631-1712）が加賀・金沢東郷の大樋村に樂焼窯を開窯、「大樋焼」と称したのが始まりとされている。長左衛門は一入から飴釉の秘伝を授かり、飴釉を元に樂焼茶碗を制作した。とりわけ加賀前田家には茶頭として裏千家4代仙叟が出仕しており、初代長左衛門は仙叟好みの作品なども多く手がけている。ちなみに樂家では大樋家に飴釉の伝を譲ったので、以後、飴釉は本業の茶碗には用いない旨を守っている。大樋焼は以後現在まで10代を数えている。

樂家と脇窯

　樂焼はあめや(飴也)、長次郎に始まり、その一族である樂家によって430年余にわたり伝承された陶芸である。樂家の名字がそのまま樂焼の名称となっているように、樂焼とは元来樂家歴代の焼物を指すものとされたが、時代を経るにしたがい、樂家以外の樂焼窯も生まれ、一般にはそれらを樂家とは区別して「脇窯」と称してきた。但し今日の発掘調査の成果を踏まえれば、おそらく利休と長次郎の没後、文禄慶長年間(1592-1615)には三彩系の窯が長次郎茶碗もどきの今焼茶碗を焼造し始めていることがわかってきた。今後はそうした広がりの中で捉えなければならないが、さしずめここでは、その後の歴史の中で樂家と血縁関係、もしくは何らかの関係を結ぶ脇窯を挙げることとする。

　直接樂家と血縁関係をもつ窯は、今は絶えているが、かつて京都府井出町玉水にあった「玉水焼」[注10]がある。これは一入の庶子・一元が母元の井出町に帰り樂焼窯を開いたものである。

　そのほか樂家と関係を結ぶ窯に、金沢の大樋窯[注11]がある。大樋焼は開祖・大樋長左衛門が一入から飴釉の伝授を受け、金沢に樂焼窯を開いたのが始まりとされている。

　また、本阿弥光悦の手遊びの樂茶碗、3代道入の弟・道樂が制作した樂茶碗は、窯元という事業体制をもたない個人の手遊びなので脇窯とは呼ばない。

　その他、近年で京都をはじめ各地で楽焼を営む窯ができている[注12]。

　樂家では弟子をもたないことを習わしとしている。京焼や地方の窯のように職人による分業を行わず、当主みずから創意を表現するのが樂茶碗の本来の姿である。また、実子といえども別家を立てることを許さず、継承は「一子相伝」で一人の子のみが継承し、他の兄弟は他家へ養子として入り、樂家の姓さえ継がせなかった。いささか時代めいた厳しい継承のあり方は、千家のそれと同じである。

　一方で、樂焼窯の広がりは、上記の相伝の系譜とは別に、江戸時代の大名家御庭焼窯[注13]や個人の楽しみの窯にまで広がり、全国さまざまな形態の楽窯が営まれてきた。

　　[注12]近年の楽焼窯
　　太閤窯、八事窯、吉向窯など多数の窯が各地に存在する。京都には和楽窯、松楽窯、長楽窯、楽入窯など他にもある。長楽窯は慶入の実家と同じ小川姓であり、慶入の血縁・親族関係、また、別家・弟子のごとくに書かれている場合もあるが、誤りであり、樂家とは関わりはない。

　　[注13]樂家と関わりの深い御庭焼窯
　　紀州徳川家　偕楽園窯　清寧圏窯　……ともに旦入・慶入が奉仕
　　水戸徳川家　後楽園窯　……旦入が奉仕か？
　　西本願寺御庭焼　露山窯　……慶入が奉仕

じっくりとした時間の経過の中、意識的な手の動きに導かれて茶碗が姿を見せ始める。

樂燒の特色と技術

　茶の湯茶碗として始まった樂燒。その技術は、他の国燒とはまったく異なる独特の技術体系をもっている。
　樂燒の特色・基本技術を要約すれば、下記3点になろうか。
　1．轆轤(ろくろ)を使用せず手捏(てづく)ねで制作すること
　2．低火度焼成の軟質施釉陶であること
　3．内窯という独特の窯を使い、徹底した一品制作であること

——瀬戸、美濃、信楽、あるいは備前といった〝安土桃山〟の焼物に見られるように、轆轤制作の
　　全盛時代に…
「なぜ、手捏ね制作なのか？」
——大窯や登窯など大規模な量産性の窯による高火度焼成全盛の時代に…
「なぜ、低火度焼成なのか？」
「なぜ、樂燒は赤樂茶碗と黒樂茶碗から始まったのか？」
「なぜ、〝黒〟なのか、なぜ〝赤〟なのか、その意味の示すところは？」
　これらの問いかけは技術の裏にある意味、その焼物の本質へと我々を導いていてくれるに違いない。技術は単なる方法、ノウハウではない。技術の奥に造形の本質、考え方が秘されていることを読み取らなければならない。

成形　手捏ねと削り

　樂燒の特色はまず轆轤を使用しない手捏ね成形にある。
　手捏ね成形は一般には「手捻(てびね)り」と呼ばれるものであるが、樂家では古くから「手捏ね」と称してい

手捏ねの工程　①厚く円形に土を延ばす。　　　　　②両手を添え、周囲からゆっくりと、徐々に土を締め上げていく。

る。その理由は、樂家の成形方法が特殊なもので、まさに「捏ねる」という行為そのものであることによる。「手練り」の最も一般的な方法である「紐作り」とは異なる樂家独特の方法である。

　すなわち、茶碗1つ分の土を円形状に分厚く平らにのばし、丸い薄板の上で、両掌で少しずつ周囲から締め上げるようにまわしながら立ち起こしてゆく。丸味を帯びた両手の自然な姿に添って、円型の平らな土は少しずつ締まり、周囲から内に向かって立ち上がってゆく［参考図版 p.289-290 手捏ねの工程］。始めはやや皿状に、そしてどんぶり状になり、やがて半筒の樂茶碗の原形ができ上がる。樂茶碗の基本はまずこの手捏ねにあり、それはまさに丸みを帯びた柔らかい掌の姿そのものを土が写し取っているのである。捏ねる手の動きは内へ向かって優しく包み込むような仕草、茶を喫する時に茶碗に添える両手の形と同じである。樂茶碗についてよく「手にすっぽりとおさまる姿」と評されるが、それはこの手捏ね成形から生まれる自然な形なのである。

　緩やかに腰を張り胴から口部を内に抱え込む樂茶碗独特の基本形は、手捏ねによる自然な手なりの動きに和して生まれる。それは「下地」と称する茶碗の原形であるが、まだ分厚く高台もない。この状態で数日乾かし、歪まない程度に乾いたところで、鉄や竹の篦で削り仕上げてゆく［参考図版 p.291 篦削り］。高台を削り出し、全体の形を削り、見込へと作業を進め、最後に口の部分の仕上げをする。それは瞬時に形が整う轆轤成形とは異なり、はるかに長時間を要する作業である。特に削りの部分は作者の個性、意識が突出する。柔らかい削りを施す人、力強い篦の跡を残す人、あるいは彫刻的な造形を篦で刻む人など、さまざまである。

　自然な手なりの手捏ね工程と意識性の強い篦削りの工程、樂茶碗のこの2工程は性質の異なるもので、それらがうまく融和して樂茶碗は完成する。それを踏まえてさらに詳しく樂歴代の作風を見れば、2つの工程のどちらに軸足をおいて制作したかが、作者それぞれの基本的な作風を決定しているようである。すなわち手捏ねの自然な手の姿を重んじた作風、あるいは篦削りによる個性的な造形を手がけた人などである。――長次郎や5代宗入などは手捏ねの形を残した作行き、3代道入や6代左入、9代了入、

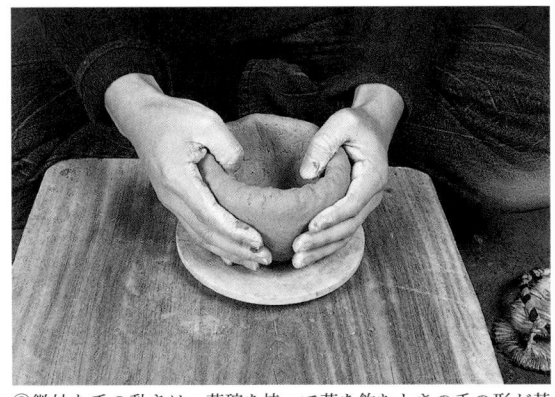

③微妙な手の動きは、茶碗を持って茶を飲むときの手の形が基本。

④延ばした土が立ち上がり、手の中に自然におさまったとき、茶碗の原形ができあがる。

14代覚入などは篦削りの多様性を追求した作者——それぞれの考え方と好みがそこに現れている。

　さらに興味深いことには、長次郎が手捏ねの樂茶碗を創作したとき、日本の主たる焼物はすべて轆轤成形であった。利休はなぜ轆轤成形の技術をもつ陶工に好みの茶碗を注文しなかったのだろうか。たとえば瀬戸の陶工に指図して茶碗をつくることもできたはず。おそらく長次郎は轆轤の技術をもたなかったと思われるが、それにしても利休は、どうしてわざわざ手捏ねという、だれもが手がけなくなった時代遅れともいえる特殊な製法をたずさえた長次郎に茶碗づくりを依頼したのだろうか。おそらく利休は、長次郎のもつ手捏ね技法に大いに興味を抱き共感していたに違いないと私は考えている。いや、さらに積極的に考えれば、手捏ねのもつ、手の形を写し取るような柔らかく温かな造形こそ侘茶の茶碗に適していると考えたのではないだろうか。井戸茶碗に代表されるように、轆轤の回転にあわせて中心から外に向かって開放的に広がってゆく姿とはひと味違う、まさに手捏ねの形、外側から内へ内へと内包的な空間をつくり上げる手捏ね茶碗の姿に、茶の湯茶碗としての意味と用の優位性を見いだしたのではなかろうか。しかもそれを篦削りという意識性の高い工程を経て完成させる。手なりの手捏ね工程と意識性の高い篦削り。この対極的な制作工程を経て茶碗は生まれてくる。

　まさに無作為と作為、自然と意識、あるいは無意識と意識、偶然と必然、などの相対する心的動き、意識世界の有り様が内面を通して茶碗に投影される。利休は禅を極めたとされるが、まさにそうした内面の動き、葛藤と調和・超脱は禅とも通じるものがあるのではないだろうか。樂茶碗の半筒形の姿は、特に口縁を内にわずかに抱え込むことで、見込は内包的な深みをもった空間となる。その深々とした見込は、単なる寸法を超えて精神的な宇宙を抱えることになる。その深まりの底に、茶は静かに点てられている。高麗茶碗とは異なる深々とした世界がそこにある。「侘び」とはつねに内へ向かう意識方向をもっている。まさに長次郎の手捏ね茶碗の見込に広がる内包的空間は、利休侘茶の本領ともいえようか。

　この口を内に抱え込む樂茶碗の基本形が、どのようなところから導かれたのかについては、これまでさまざまな論考があり、高麗茶碗「三島茶碗　銘三島桶」（徳川美術館蔵）や「黄瀬戸茶碗　利休在判」

篦削り
柔らかく手の中で生まれた樂茶碗の原形は、今度は鉄の篦で削り整えられる。高台を削りだし、姿、そして見込へと削りは進み、最後に口造りが整えられる。じっくりと土に向かう緊張した長い時間が流れている。

(個人蔵)に形体上の類似点を求める論旨が主流をなす[参考図版 p.292-293 利休形の祖形]。しかし私は、外形の類似性を追うよりも、樂茶碗の基本形は手捏ねという手法そのものの中にあり、口部の抱え込みも、胴の張りも、手捏ねの自然な手なりの形の中に宿っていると実感している。利休の長次郎のもつ手捏ねそのものへの視線が、そこにあるのではないだろうか。

土

　樂焼は軟らかい焼物である。土そのもののもつ軟らかさや、温かみは樂焼独特の味わいにつながっている。樂家では京都の土を中心に、代々が適した土を保存している。長次郎が使用した土は、残念ながらたびたびの大火を受け伝わってはいないが、樂家敷地の一番奥にある土小屋には、現在使用している原土の他、歴代が使用した江戸時代の古土も参考として残されている。

　長次郎が使用した土は、聚楽第(じゅらくてい)付近から採取したとされる「聚樂土」と称される赤土の一種で、黄から赤茶色の粘性の高い陶土で、鉄分の含有が高い。赤樂茶碗はこの「聚樂土」の酸化焼成された色合いである。聚楽土はその後、長入あたりまで使用されるが、色合い、土味などは代によってさまざまである。聚楽土といえども採取の場所(土の層)が少しでも異なると土質が変わってしまう。聚楽土は現在でも、かつて聚楽第が造営されたあたり(堀川以西、御池以北、千本以東　今出川以南あたり)に眠っているが、市街化によって採取は困難、時折ビル工事にともなう埋蔵文化財試掘により桃山期の地層の中に見いだすことができる。

　常慶からは白土も使用される。文献には道入の時代に「岡崎の土」と記されたものがあり、これは道入が使用している白土であると考えられる。岡崎、すなわち東山山麓に連なる場所である。

　一入の使用した土の中には「備前土」と称されているものがあり、やや黒みがかった力強い土味をもっている。但し備前の土であるかは不確かである。この「備前土」は一入の使用した土の中では特殊

利休形の祖形
林屋晴三氏はかつて、口縁を内に抱え込む半筒形の樂茶碗の祖形となるものとして、いくつかの茶碗を挙げられた。その一つに高麗茶碗の「三島桶」(徳川美術館蔵)、さらに「黄瀬戸茶碗　利休在判」がある。それらは轆轤成形でつくられ、姿は半筒形で、わずかに口部を内にすぼめている。特に、「黄瀬戸茶碗」は北向道陳(きたむきどうちん)から利休に伝わったという伝承をもっている。器形の類似から、利休、長次郎はこれらを参考にしたのではないかと推測されている。

なもの、通常は聚樂土、白土（おそらく道入のものと同じ）などを使用している。

　了入の代、天明8年(1788)に「団栗焼け」と称する大火があり、樂家は類焼、大切な土が火をあびる。それを境に、以後の歴代は京都府南部、深草大亀谷の土を使用している。樂家では、当主は3代後の代のために陶土を探し保存している。3代後の土を確保し、年月をかけて晒す。現在使用している土は12代弘入が見つけ寝かせた土、大亀谷から採取した粘性も高く密度がある良質な白土である。樂家の土小屋に寝かされてすでに100年以上になる。この弘入の見つけた土は、覚入も使用、おそらく私があと10年ほど使用しつづければなくなる。その後は13代惺入が見つけた土の一部を使用し、その後の代のものは覚入の見つけた土と順次使用してゆくこととなる。陶土は寝かせれば寝かせるほど、粘性が高まり使いやすくなる。そうした理由に加えて、度重なる大火で土の焼失を経験した樂家では、伝統を伝える知恵として、当代で在る間に、3代後の子孫のために良い陶土を見つけ保管することが、当主の重要な仕事となっているのである。

焼成と釉

　高火度焼成をもっぱらとする日本陶芸の中で、低火度焼成を行う樂焼はきわめて特殊な分野に入る。赤樂は900℃〜1000℃あたりとされ、低火度の焼成温度の範囲に入るが、黒樂はおそらく1150℃あたりから1200℃を超える高火度焼成の領域まであると考えられる。但し、樂家では今だかつて温度計などの計器で焼成温度を計測したことはない。一碗一碗焼きあげる樂家の窯では、窯の温度は刻々と変化する生き物のようであり、焼成温度は経験の中で摑むしかない。単純に焼成温度だけを仮に取り上げれば、樂焼は低火度焼成による赤樂窯と、高火度焼成による黒樂窯の双方があるということになる。しかし、胎土の焼き締まり方を考慮に入れれば、明らかに赤樂も黒樂も低火度焼成特有の軟らかい土質を残す軟質陶である。黒樂が高温焼成にもかかわらず胎土が軟質であるのは、焼成時間が短く、強く焼き締

高麗茶碗「三島桶」　徳川美術館蔵
©徳川美術館イメージアーカイブ/DNPartcom

黄瀬戸茶碗　利休在判　個人蔵

めないで炉外に引き出し一気に冷却することによる。

　黒樂茶碗釉は京都市内を流れる鴨川の上流、鞍馬・貴船あたりから採取する加茂川石を使用する。学術的には「輝緑凝灰岩」──古い時代の玄武岩や塩基性の凝灰岩が変質したもので、赤紫褐色をしており、産地によっては暗緑色のものも多い。樂家では代々が鞍馬・貴船より採取し保存しつづけている。現在使用しているものは数代前に原石のまま保存されてきた加茂川石で、すべて樂家において粉砕し、粉末にして調整する。

　赤樂釉は基本的には低火度フリット［注14］を基本に、長石、珪石などを加え調整する。

|軟質施釉陶としての樂焼|

　低火度焼成による樂焼は、胎土が強く焼き締まらず軟らかい土質を保有する。したがって、日常食器としては扱いがやや面倒であるが、吸水性と保水性が高く、茶の湯の茶碗としてはそれが逆に用途に適し良さとなる。すなわち熱い湯を入れて茶を点てても、軟らかい土質は熱の伝導を軟らげ、心地よい温かさとなって手に伝わる。また、ゆっくり温め使用すると保温効果が高く、点てたお茶が冷めにくい利点がある。特に一碗の茶を数人で飲みまわす濃茶では、保温性は大切な条件である。

　一方、歴史的な視野で軟質施釉陶を見れば、織豊時代の日本の焼物は、大窯や連房式登窯などを主体とした高火度施釉、高火度焼締陶であり、低火度焼成の技術を使用するのは、長次郎窯と和物の素三彩系の窯、あとは土器類のみである。利休が茶碗の制作を依頼するのに、高火度焼成の瀬戸・美濃などではなく、わざわざ低火度焼成である長次郎の窯を選んだ理由の一つに、軟質独特の性質へのこだわりがあったのではないだろうか。

　保温効果などの用途特性はもとより、軟質陶の土肌・釉肌は軟らかく温かみがある。ことに使用前から水で清め、水をたっぷりと吸った軟らかい土肌は何とも麗しく、手ざわりもしっとりとしている。もっ

　　［注14］低火度フリット
　　低火度フリット釉は、700℃〜800℃で溶融するフリット釉で、釉原料を一度坩堝（るつぼ）などで溶かし、それを再度粉末にしたガラス粉状のもの。江戸時代には「白玉」などと呼ばれ、樂焼ばかりではなく、上絵の原料としても使用されていた。

とも、軟らかい土味を愛でる意識は樂茶碗ばかりでなく、高麗茶碗などにおいても見いだされる茶の湯の美学である。たとえば堅く焼き締まった斗々屋(ととや)茶碗よりも、赤味を含む軟らかい土味のものを上手(じょうて)とする。おそらく利休が長次郎に茶碗づくりを依頼したのは、長次郎茶碗の低火度軟質陶としての土の味わいと、「土」そのものが放つ独特の象徴的世界に魅力を感じ共感を寄せたからではないだろうか。軟らかな土の味わい、土のもつ素朴さ、温かさや優しさ、あるいは土が秘める脆さや弱さ、さらには土が背負ってきた汚れや穢れさえもが、「侘び」の美意識に通じる独特の象徴性・「土の美学」を生み出しているのではないだろうか。

そういえば、利休の建てた「待庵(たいあん)」[p.249 注4]ほど土を強調した茶室はない。土は粗末な苆(すさ)混じりの粗壁となって「待庵」を囲んでいる。とりわけ「待庵」の「室床」は四方の壁はもちろんのこと天井までも土で塗りまわされている。まさに「土の祠」、そこでは土が象徴する深い意味を感ぜずにはいられない。

現代の我々は「待庵」の苆混じりの粗壁を素朴さへの郷愁とともに、「侘び」の美意識を代表するものとして称賛するが、その感じ方は一方的に現代からの見方であって、いささか常識的な画一性に捉えられてはいないだろうか。織豊時代、中世乱世の時代からようやく抜け出そうとする近世の曙、しかしそこにはまだ乱世の傷跡が生々しい記憶となって残されていたに違いない。都といえども死人が大通りでなおざりにされ、腐敗し、野犬が腐肉を食らう、そうした光景も古き昔とは言えない頃。時代を通して土は常に死に向いて開かれている。戦乱の世に人々は土にまみれながら、地をはいずりひたすら生き延びてきたのであろう。織豊時代、その穢土にまみれた生活から人々はようやく自分の足で立ち上がろうとしている。そこでは、現代のテクノロジーに保護された我々の感じる「土」への郷愁とはまったく異なる「土」への思いを、人々は抱いていたに違いないのである。それを忘れて、「待庵」の粗壁も長次郎の土肌も語ることはできないのではないだろうか。生きとし生けるあらゆる生命はいつか死を迎え、朽ち果て、やがて土に帰る。その死を無条件で受け入れる土の中から新しい命の芽生えが再び始ま

る。「待庵」の苆混じりの粗壁土と長次郎の土肌、それらが指す象徴的世界は、そうした土の原風景と結びついているように思えてならない。滅びと回生の情念、土はまさに生命の循環の基盤を守っている。それこそ「侘び」の原点、原風景ではないだろうか。

樂家の窯

　樂家の窯は、世界でただ一つ、当初の形式を残した窯である。古色蒼然とした窯場は、おそらく430余年間ほとんど変わることのない様式・方法を伝えていることを物語っている。真っ黒にすすけた粗壁の土天井に、周囲にめぐらされた新たなしめ縄が清々しく、ここが聖域であることを感じさせる。黒光りして角の丸くなった窯石、長い歳月、修復されつつ使われてきた窯。京都・油小路一条下るにある樂家の窯場には、3基の窯が、深閑とした窯場の土間に配されている。この静けさを破って炎と火は激しくおどり、火の粉は天井まで噴き上がる。
　3基の窯はそれぞれ大きさ、構造が異なり、使用目的によって区別されている。

■黒樂窯
　窯場中央に据えられているのは黒樂窯である。それは黒樂茶碗の焼成に使用される。燃料は炭の中でも最も堅く火もちのよい備長炭で、窯中心部は内窯と称される鞘の役目をする小さい窯が内蔵され、茶碗1碗がその中に入る。その内窯を備長炭が取り囲み、さらに窯後外部に取り付けた鞴（ふいご）によって窯内に空気を送り備長炭を燃焼させる。黒樂窯が1200℃という高温に達するのもこの鞴の風の力による。130cm余の長さをもつ木製の手押し鞴が今も使用されている。
　黒樂窯の特色は、1碗ずつ焼き上げることにある。焼き上がると真っ赤な溶融状態で外に引き出し急冷する。但し水につけたり、西洋の〝Raku〟のように木の大鋸屑（おがくず）の中に入れ燻製したりはしない。黒樂

樂家窯場
天井、周囲の壁、柱は土で塗り込められ、炎火への対応をはかっている。一角には稲荷明神が、窯場周囲にはしめ縄が張りめぐらされ、窯を焚く時以外は深閑とした静けさが漂う神聖な空間。壁には鉄はさみが掛かっている。
中央に見えるのは黒樂窯。茶碗が1碗入る小さな窯、ひとたびこれに火が入るや劫火と化し、鞴（ふいご）の風音に踊りながら炎は激しく舞い上がる。

297

窯当日は、真夜中から夜を徹して翌夕まで焼成がつづけられる。手伝いに十数人の人々が集まるが、彼らも親から子へと数代にわたって窯焚きを手伝っている。手伝う人々も相伝なのである。彼らは焼物の職人ではなく樂家ゆかりの人々であり、数寄屋の大工棟梁家（この家は江戸時代から続く京都でも最も古い数寄屋大工棟梁の家で、茶室如庵〈国宝〉を京都・正伝院から東京・三井本家に移築したのも今の棟梁の祖父にあたる）、植木職人、京象眼師、備長炭を納める炭屋なども数代にわたっての手伝いである。真夜中に駆けつけ、激しい炎との戦い、生みの苦しみを荷い、また生みの喜びを共有している仲間である。

立ち上る炎、備長炭のはじける爆竹のような音、鞴の風音、土天井まで噴き上がり降りかかる火の粉、その灼熱の窯の中からたった1碗の黒樂茶碗が生み出される。まるでふつふつと吹き出す溶岩のように加茂川石の釉は煮え、やがて真っ白く輝きながら溶け、茶碗は引き出される瞬間を待つ。まさに宇宙の創成、神秘でもある。

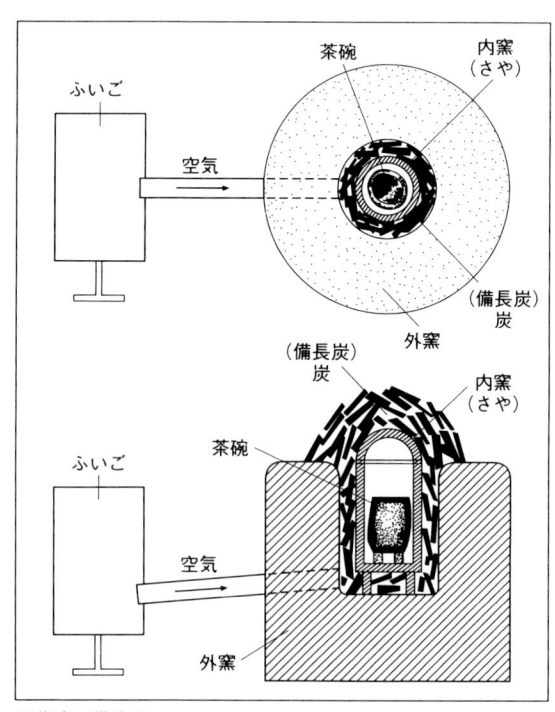

黒樂窯の構造図

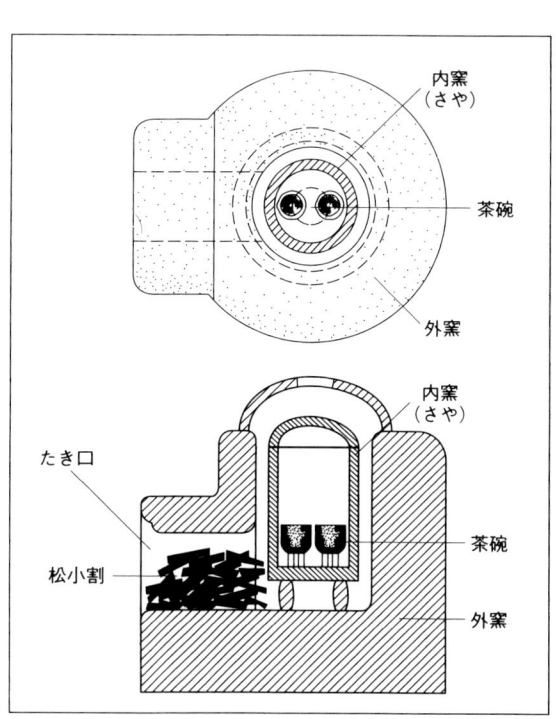

赤樂大窯の構造図

■赤樂窯

　赤樂茶碗の窯は黒樂窯の脇に据えられている。赤樂窯の燃料も備長炭であるが、黒樂窯とは異なり鞴を使用しない。備長炭で取り囲まれた内窯の中に茶碗を納め焼成するが、内窯の寸法は黒樂窯よりもやや大きく、茶碗は3碗から4碗を入れることができる。鞴を使用しないために焼成温度が低く、焼成時間は逆に黒樂窯よりも長くなる。おそらく焼成温度は900℃〜1000℃前後であろうか。樂家ではゼーゲルコーンや温度計といった計器は未だかつて使用されたことがない。火の色と輝き、鞴の風音、肌を焼く火の鋭さなど、全身全霊で窯のすべてを読み取らなければならない。

　上記に明記した焼成温度は、あくまで一般的な類推による数字である。また、焼成の基本は昔通りの伝承を伝えるが、細かな焚き方は歴代の創意工夫の内にある。焼成温度も決して同じとはいえないだろう。

■赤樂大窯

　さて、残るもう1基の窯は、樂家において「大窯」と呼ばれ、内蔵する内窯の口径140cmほどの円形窯で、この窯のみ燃料が松薪となる。下に焚き口があり、炎は下から内窯の底をなめるように脇を通って上へと抜けてゆく。基本的には赤樂窯と同じく、焼成温度は900℃〜1000℃前後であろう。赤樂茶碗窯では入りきれない大きな寸法の作品、たとえば紅鉢風炉など陶製の風炉や大皿、鉢や向付など数を必要とする作品に用いる。先代覚入まで大窯は焚かれていたが、煙が大量に出るため、現在の樂家の周辺、隣家が立て込む街中では、この窯を焚くことは難しい。

　樂家の母屋と窯場は嘉永7年(1854)の御所炎上の大火で類焼したが、再築され、現在、国の登録文化財に指定されている。

樂燒の扱い方

　樂燒は、低火度焼成による軟質施釉陶、磁器や瀬戸、備前などの高火度の焼物に比べて、とても軟らかい土質をもっています。その性質は、熱の伝導率が緩やかで、熱い湯を入れても持てないような熱さにはならず、むっくりとした温かさを手に伝えます。また、保温性にも優れ、濃茶などでは、点てる前に温めておくと末客まで茶は冷めにくく、美味しく濃茶がいただけます。

　また、軟らかい素地は吸水性が高い性質ももっています。たっぷりと水を吸い、しっとりとした土味は樂燒独特の美しさと肌ざわりを感じさせます。しかし、吸水性が高い分、樂茶碗の扱いに少し注意が必要となります。

　以下樂茶碗の扱いについて、わかりやすくＱ＆Ａで説明します。

◎**使用前は水屋で水につけて清めます。この時に茶碗や器に充分に水分を吸わせておくことが重要です。乾燥した状態でいきなり使用すると、素地の中にお茶が入り込み、汚れの原因になります。**

　Ｑ：どれくらいの時間水につけて清めますか？
　Ａ：１〜２分でよいでしょう。赤樂茶碗の場合、水を吸うと全体の色がより深くなります。
　Ｑ：お湯でもかまいませんか？
　Ａ：冬の寒い時はぬるま湯につけてから使用するのも、茶を冷めさせないための方法です。

◎**使用後は水洗いをし、そのあと充分に水屋で乾かすことが大事です。湿った状態で箱にしまうのは厳禁です。**

　Ｑ：どのぐらいの日数乾かしておけばよいですか？
　Ａ：季節にもよりますが、最低２週間ぐらい乾かしてください。
　Ｑ：乾かすのはどのようにしますか？
　Ａ：水屋の棚の上にでも置いておかれるのがよいでしょう。梅雨時にはしまわないで、梅雨明けにしまうぐらいの配慮が必要です。

◎**使用に関するトラブル──湿気の臭い**

　Ｑ：お茶を点てると土のような、黴のような臭いがすることがあります。これはどうしてでしょうか？
　Ａ：長い間保管されている間に、仕覆や詰め物の綿などが湿気を帯び、臭いが生じます。それが茶碗の素地の中に入り込み、茶を点てた時、湯気とともに出てくるからです。新しい茶碗ほど素地の粒子に臭いが

入り込みやすく、トラブルが多いようです。原因は充分に乾かさないでしまい込んだこと。乾いていると思っても、素地の中にはまだ水分が多く含まれているものです。

Q：臭いがついてしまった場合はどうしたらよいでしょうか？
A：方法は1つ、毎日1〜2服ずつお茶を点てることです。もちろんその場合も、上記の使用前、使用後の扱いは守るよう心がけます。

Q：何日ぐらいつづけますか？
A：普通は4〜5日つづければ臭いは消えます。どんなに強い臭いがついても、10日ぐらい毎日茶を点てれば臭いは消えます。いったんこのようにすると、臭いもつきにくくなります。

Q：緊急の場合の対処法はありますか？
A：ありません。上記の方法で対処してください。水洗いでは、臭いは消えません。とにかくお茶を点てることです。お茶の中には臭いを消す成分が含まれているからです。

◎鉛釉陶について

鉛釉は古くから中国、日本など東アジアを主として、世界各地で使われてきた代表的な低火度釉です。高火度(1200℃〜1300℃)で溶ける釉薬に対して800℃から溶ける低火度釉は、トルコ、イランあたりのソーダ系釉(トルコブルーなど)の他には、鉛釉が主力を占めています。本来高火度釉である珪酸アルミナ釉に鉛成分を加えることにより、溶融温度を800℃〜1000℃の低火度に抑えることができます。中国では漢代以来発達した緑釉、唐三彩、交趾、赤絵、五彩法花、豆彩などの色釉陶がその代表的なものです。日本では樂のほか、仁清、古清水、乾山などの京焼、また伊万里、有田、九谷、薩摩など、近代では北大路魯山人、河井寬次郎など、そのほか上絵と称されるすべての色釉と金、銀彩に使用されてきました。

鉛釉について使用上の留意点は、それぞれの焼物、使用状況により異なりますが、特に向付、鉢など懐石器類などで注意が必要です。鉛釉は酸に弱く、酢などの使用は差し控える必要があります。

近年では、無鉛の低火度釉が開発され、それらを使用することが一般的となっています。

樂家ではすでに15代吉左衞門(当代)がいち早く研究を進め、使用するすべての釉において、すでに完全無鉛化が達成されています。

収録作品一覧

長次郎 pp. 6-27

二彩獅子　重要文化財
高さ36.0　長径39.7cm

黒樂茶碗　銘万代屋黒
内箱蓋表「長次良焼　万代屋黒」文叔宗守筆
内箱蓋裏「利休所持長二郎　黒茶碗万代屋　宗安傳ル依而万代屋黒と云　左(花押)」啐啄斎宗左筆
高さ8.0　口径10.3　高台径4.5cm

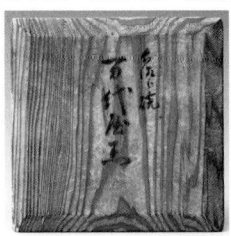

黒樂茶碗　銘大黒　重要文化財　個人蔵
内箱蓋裏「大クロ　利休所持　少庵傳　宗旦　後藤少斎ヨリ宗左へ来(花押)」江岑宗左筆
高さ8.5　口径11.5　高台径4.7cm

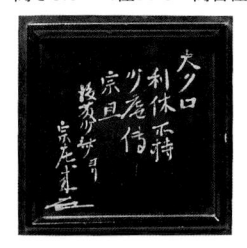

黒樂茶碗　銘ムキ栗　文化庁蔵
箱蓋裏「長次郎黒四方茶わん　覚々銘　ムキ栗　添状トモ　宗旦(花押)」啐啄斎宗左筆
高さ8.5　口径12.5　高台径4.9cm

黒樂茶碗　銘俊寛　重要文化財　三井記念美術館蔵
内箱貼紙墨書「俊寛」利休筆
内箱蓋表「長二郎　黒茶碗」元伯宗旦筆
内箱蓋裏「利休めハ道具二ツ持に介里　一ツシリスリ　一ツ足スリ　茶碗名利休筆　長次郎茶碗宗旦筆　宗室(花押)」仙叟宗室筆
高さ8.1　口径10.7　高台径4.9cm

黒樂茶碗　銘面影
内箱蓋表「面影」山田宗徧筆
内箱蓋裏「入立ト打物ニ存候黒茶碗也　細三ノ所持之鉢ひらきニよく似候由也」石川自安筆
高さ8.1　口径9.9　高台径5.2cm

黒樂茶碗　銘禿　不審菴蔵
内箱蓋表「長次良焼　黒茶盌　かぶろ」山田宗徧筆
内箱蓋裏「利休所持　禿　件翁(花押)」啐啄斎宗左筆
高さ9.0　口径9.6　高台径5.3cm

黒樂筒茶碗　銘杵ヲレ
内箱蓋裏「杵ヲレ（花押）」元伯宗旦筆
高さ9.8　口径8.1　高台径5.6cm

黒樂茶碗　銘勾当
内箱蓋表「黒茶碗」元伯宗旦筆
内箱蓋裏「勾當寿軒公進之　咄々　旦（花押）」元伯宗旦筆
高さ7.8　口径10.9　高台径4.9cm

黒樂筒茶碗　銘村雨
内箱蓋表「碁筒底　村雨」如心斎宗左筆
内箱蓋裏「長次郎焼　黒　むら雨　左（花押）」如心斎宗左筆
外箱蓋裏「長次郎作　黒筒茶盌　天然筥書附　銘村雨　宗室（花押）」淡々斎宗室筆
高さ8.1　口径9.0　高台径5.0cm

黒樂平茶碗　銘隠岐嶋　個人蔵
内箱蓋裏「長次郎黒茶碗　号名　隠岐嶋ト云　左（花押）」覚々斎宗左筆
高さ6.2　口径14.6　高台径6.7cm

赤樂茶碗　銘道成寺　個人蔵
内箱蓋裏「道成寺　咄々斎（花押）」元伯宗旦筆
外箱蓋裏「長次郎焼　赤茶碗　宗旦銘　道成寺　左（花押）鐘の音のそれにハあらて道成寺　これそ茶わんの名尓そ聞ゆる」覚々斎宗左筆
高さ8.9　口径14.0　高台径6.0cm

赤樂茶碗　銘無一物　重要文化財
頴川美術館蔵
内箱蓋表「無一物　宗室（花押）」仙叟宗室筆
高さ8.6　口径11.2　高台径4.8cm

赤樂茶碗　銘太郎坊　重要文化財　今日庵蔵
内箱蓋表「長次郎赤茶碗　宗旦（花押）」元伯宗旦筆
内箱蓋裏「太郎坊」藤村庸軒筆　「利休持分赤茶碗　則箱ノ上書付　宗旦名判有之宗旦所持常秘蔵申候故重而書付調申候　宗室（花押）」仙叟宗室筆
高さ8.1　口径10.6　高台径4.7cm

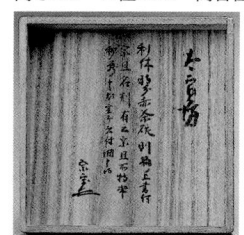

赤樂茶碗　銘一文字　個人蔵
内箱蓋表「利休居士一文字判形有之(印)　茶碗　千宗旦ヨリ来ル」古筆了佐筆
外箱蓋表「長次郎焼　赤茶碗」仙叟宗室筆
外箱蓋裏「利休所持　長次郎焼　赤茶碗　一文字判有　不審菴(花押)　宗守(花押)」随流斎宗佐・真伯宗守筆
高さ8.0　口径11.4　高台径4.9cm

赤樂茶碗　銘白鷺　今日庵蔵
内箱蓋表「白鷺　長次郎焼」仙叟宗室筆
内箱蓋裏「面白やうつすかりなも身につめは鳥の羽音の立につけても　宗室(花押)」仙叟宗室筆
高さ8.9　口径9.9　高台径4.9cm

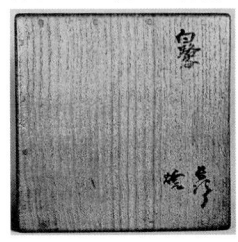

三彩瓜文平鉢　東京国立博物館蔵
高さ6.0　径33.0　底径19.4cm

田中宗慶　pp. 28 - 35

三彩獅子香炉　個人蔵
高さ26.9　長径23.5cm

黒樂茶碗　銘天狗　不審菴蔵
内箱蓋表「黒茶碗　天狗　残月主　不審」元伯宗旦筆
高さ8.7　口径11.5　高台径5.7cm

黒樂茶碗　銘いさらい
内箱蓋裏「長二良焼　いさら井　左(花押)」如心斎宗左筆
外箱蓋裏「長二郎焼黒茶碗　覚々箱書付　銘いさら井　如心添状発句アリ　了々斎(花押)」了々斎宗左筆
高さ9.0　口径9.9　高台径5.1cm

黒樂茶碗　銘初雪　個人蔵
内箱蓋裏「長次郎　黒　茶碗　銘初雪　左(花押)」覚々斎宗左筆
高さ8.7　口径10.3　高台径5.7cm

香炉釉阿古陀形菊文水指
高さ16.3　口径17.3　高台径20.4cm

尼焼 pp. 36 - 37

黒樂茶碗
内箱蓋表「尼焼茶碗　宗旦箱書付（花押）」文叔宗守筆
内箱蓋裏「あまやき　茶わん（花押）」元伯宗旦筆
高さ9.2　口径10.7　高台径5.5cm

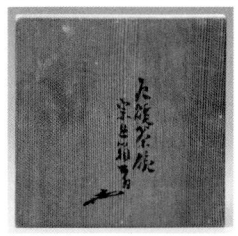

常慶 pp. 38 - 47

黒樂茶碗　銘黒木
内箱蓋裏「二代目黒　茶碗　宗左（花押）　銘黒木卜云」如心斎宗左筆
高さ7.8　口径15.8　高台径6.1cm

黒樂茶碗　銘不是　個人蔵
内箱蓋表「二代目黒」仙叟宗室筆
内箱蓋裏「不是　室（花押）」仙叟宗室筆
高さ8.5　口径10.3　高台径6.4cm

黒樂平茶碗
内箱蓋裏「常慶造　黒平茶碗　十代旦入證（印）」旦入筆
高さ7.4　口径15.5　高台径5.9cm

黒樂筒茶碗　銘長袴　個人蔵
内箱蓋裏「咄々斎　長袴」元伯宗旦筆
高さ10.2　口径9.0　高台径5.2cm

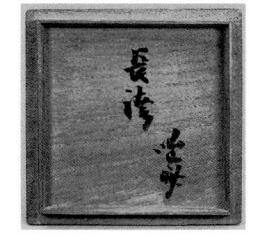

菊之絵赤樂茶碗
内箱蓋裏「二代目吉左衛門作　菊之絵赤茶碗印有　九代喜全（印）」了入筆
高さ8.2　口径13.3　高台径6.1cm

香炉釉井戸形茶碗
高さ8.2　口径13.0　高台径4.9cm

赤樂井戸形茶碗
内箱蓋裏「常慶造　赤茶碗　十代旦入證（印）」旦入筆
高さ8.2　口径13.0　高台径4.9cm

香炉釉阿古陀形香炉
高さ8.5　口径6.7　高台径5.1cm

香炉釉獅子香炉
高さ13.0　長径12.3cm

本阿弥光悦　pp. 48 - 53

黒樂茶碗　銘村雲
内箱蓋表「光悦　村雲」
高さ9.5　口径12.8　高台径4.0cm

白樂筒茶碗　銘冠雪
内箱蓋表「光悦」
内箱蓋裏「冠雪」
高さ8.8　口径12.0　高台径5.6cm

赤樂茶碗　銘立峯　追銘五月雨
内箱蓋表「光悦　立峯」高原杓庵筆
外箱蓋表「光悦　千覚々斎箱　元銘　熟柿」貼紙墨書　松永耳庵筆
外箱蓋裏「追銘　五月雨　耳庵九十三（印）」松永耳庵筆
高さ7.1　口径11.6　高台径3.8cm

道入　pp. 54 - 71

黒樂茶碗　銘木下
内箱蓋裏「ノンカウ作　黒茶碗　木下　（花押）」啐啄斎宗左筆
高さ9.2　口径11.6　高台径5.6cm

黒樂茶碗　銘残雪
内箱蓋表「ノンカウ（賀嶋屋広岡家蔵印）」
内箱蓋裏「ノンカウ　黒茶碗　残雪ト云　好雪軒」了々斎宗左筆
高さ8.0　口径13.0　高台径4.9cm

黒樂茶碗　銘青山　加賀七種之内
内箱蓋表「青山」（金泥字）
高さ8.7　口径11.5　高台径5.5cm

笹之絵黒樂茶碗
内箱蓋裏「ノンカウ黒　四方　了入副状　（印）十代吉左衛門（花押）」旦入筆
高さ8.3　口径10.8　高台径5.3cm

黒樂平茶碗　銘燕児
内箱蓋裏「のんかう黒茶碗　燕児　号　左（花押）」覚々斎宗左筆
高さ6.0　口径13.7　高台径5.2cm

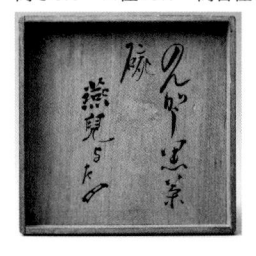

赤樂茶碗　銘鵺　ノンコウ七種之内
三井記念美術館蔵
内箱蓋表「鵺」
内箱蓋裏「のんかうあか茶碗　号名　鵺ト云　左（花押）」覚々斎宗左筆
高さ9.0　口径12.2　高台径5.9cm

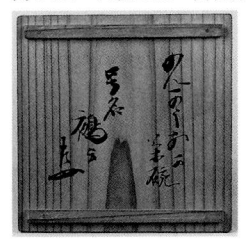

赤樂筒茶碗　銘山人
内箱蓋裏「ノンカウ赤　茶碗　銘　山人　一（花押）」一燈宗室筆
高さ11.5　口径9.2　高台径4.9cm

赤樂茶碗　銘僧正
内箱蓋表　了入極書付
内箱蓋裏「ノンカウ赤茶碗　僧正ト云　左（花押）」了々斎宗左筆
高さ8.5　口径11.5　高台径5.3cm

赤樂筒茶碗　銘破れノンカウ
内箱蓋表「のんかう作　赤筒茶わん　如心斎書付　啄（花押）」啐啄斎宗左筆
内箱蓋裏「のんかう赤　筒茶碗　左（花押）」如心斎宗左筆
外箱蓋裏「ノンカウ　赤筒茶碗　如心啐啄箱書付　左（花押）」碌々斎宗左筆
高さ9.9　口径9.6　高台径5.4cm

赤樂葵御紋茶入
高さ3.6　口径6.2　胴径7.6cm

二彩鶴首花入
内箱蓋裏「ノンカウ造　花入　青銅うつし　希代の珍器也（花押）」
高さ26.2　胴径11.5　底径6.7cm

赤樂兎香合
高さ4.2　長径7.2cm

飴釉葛屋香合
内箱蓋裏「のんかう　くす屋　香合（花押）」啐啄斎宗左筆
高さ4.5　長径5.9cm

白釉ぐり香合　個人蔵
高さ4.9　長径6.0cm

309

緑釉割山椒向付　北村美術館蔵
高さ8.8　口径11.5cm

道樂 pp. 72 - 73

赤樂平茶碗　銘広沢
内箱蓋表「廣澤」
高さ7.1　口径13.9　高台径6.1cm

一入 pp. 74 - 89

樵之絵黒樂茶碗　銘山里
内箱蓋裏「一入造　黒茶碗　画アリ　銘山里　左(花押)」碌々斎宗左筆
高さ8.8　口径10.4　高台径4.8cm

黒樂茶碗　銘嘉辰
内箱蓋裏「一入作　黒茶碗　嘉辰(花押)」啐啄斎宗左筆
高さ8.5　口径10.0　高台径4.9cm

黒樂平茶碗　銘暁天
内箱蓋裏「一入黒　平茶碗　暁天(花押)」一燈宗室筆
高さ6.0　口径13.8　高台径5.1cm

赤樂茶碗　銘つるし柿
高さ8.2　口径9.2　高台径4.5cm

赤樂茶碗　銘渋柿
内箱蓋表「一入赤茶碗　宗乾渋柿ト号ス　(花押)」認得斎宗室筆
内箱蓋裏「渋柿　宗乾」竺叟宗室筆
外箱蓋表「一入赤茶碗　竺叟函書附　渋柿と号在　外筥柏叟筆　於甌土軒席上極書附愚句出けるまま此うらに志るし置」玄々斎宗室筆
外箱蓋裏「玄々斎　鶴子かき軒になるゝや千代栄ふ　認得斎」認得斎宗室・玄々斎宗室筆
高さ7.2　口径9.8　高台径4.4cm

赤樂茶碗　銘明石
内箱蓋裏「ノンカウ黒　一入赤　茶碗　左(花押)　須磨あかし　ト云」如心斎宗左筆
高さ8.2　口径11.5　高台径4.7cm

赤樂筒茶碗
共箱蓋表「利休形　赤茶碗　御茶碗師　樂焼吉左衛門(印)」一入筆
高さ9.0　口径8.5　高台径4.8cm

焼貫砂金袋水指　銘山川
内箱蓋裏「半升鐺内煮山川　省々」吸江斎宗左筆
高さ16.4　口径14.7　胴径19.5cm

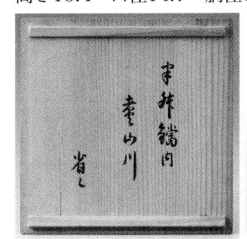

赤樂一重口水指　銘縄簾
共箱蓋表「縄すだれ　水指　樂焼吉左衛門(印)」一入筆
高さ17.5　口径17.4cm

飴釉鐘楼水指
内箱蓋裏　旦入極
高さ17.0　口径14.7　底径20.8cm

赤樂獅子香炉
内箱蓋裏「樂獅子香炉　赤一入作　黒宗入作　(花押)」不見斎宗室筆
高さ16.1　長径15.2cm

緑釉菊皿
高さ3.5　口径15.0cm

赤樂棕櫚皿
高さ4.3　口径17.3cm

赤樂膾皿
高さ5.3　口径12.5cm

宗入　pp. 90 - 101

黒樂茶碗　銘亀毛
内箱蓋裏「宗入黒茶碗　亀毛(花押)」如心斎宗左筆
高さ8.3　口径9.3　高台径5.2cm

黒樂茶碗　銘梅衣
内箱蓋裏「宗入黒　茶碗　梅衣　(花押)」啐啄斎宗左筆
高さ8.6　口径10.4　高台径5.1cm

黒樂茶碗　銘比良暮雪
内箱蓋表「比良」覚々斎宗左筆
内箱蓋裏「癸巳　暮雪(花押)　吹入雲号龍入瀾　比良嶺雪暮江寒　軽舟短棹興何盡　莫作刻溪一様看」覚々斎宗左筆
外箱蓋裏「宗入黒茶碗　比良暮雪　覚々斎書付　左(花押)」如心斎宗左筆
高さ8.1　口径10.8　高台径5.1cm

黒樂茶碗　銘鹿の声
内箱蓋裏「宗入作黒茶わん　鹿の声　(花押)」一燈宗室筆
高さ8.5　口径10.6　高台径4.8cm

黒樂平茶碗　銘古池
内箱蓋裏「宗入作黒　平茶碗　銘古池　旦(花押)」碌々斎宗左筆
高さ5.6　口径14.6　高台径6.0cm

赤樂茶碗　銘福の神
共箱蓋表「利休形　赤茶碗　御茶碗師　樂焼吉左衛門(印)」宗入筆
共箱蓋裏「福の神　(花押)」一燈宗室筆
高さ7.2　口径9.4　高台径5.4cm

赤樂茶碗
共箱蓋表「利休形赤茶碗　御茶碗師　樂焼吉左衛門(印)」宗入筆
高さ7.8　口径9.8　高台径5.2cm

飴釉大名水指　庸軒好
高さ15.2　口径11.8　底径14.6　胴径25.4cm

黒樂獅子香炉
内箱書付(一入・赤樂獅子香炉を参照)
高さ16.1　長径17.0cm

緑釉甲皿
高さ6.3　口径13.6　高台径6.8cm

鉄線之絵緑釉皿
高さ2.6　径15.3cm

一元 pp. 102 - 105

黒樂平茶碗　銘洗心
共箱蓋表「平茶碗　（印）一元（花押）」一元筆
高さ5.4　口径14.9　高台径5.1cm

貨狄写飴釉釣舟花入
共箱蓋表「貨てき写　釣舟口生　（樂印）弥兵衛（花押）」一元筆
高さ16.3　長径23.0cm

矢筈形水指
共箱蓋裏「利休形　ヤハス水指（印）　弥兵衛（花押）」一元筆
高さ16.1　胴径16.2cm

左入 pp. 106 - 119

黒樂茶碗　銘姨捨黒　左入二百之内
共箱蓋表「二百之内　樂左入（印）」左入筆
共箱蓋裏「姨捨黒　（花押）」如心斎宗左筆
高さ8.6　口径10.0　高台径5.0cm

黒樂筒茶碗　銘ヒヒ　左入二百之内
共箱蓋表「（二百之内）　樂左入（印）」左入筆　＊「二百之内」の字が消されている。
共箱蓋裏「ヒヽ　（花押）」如心斎宗左筆
高さ10.3　口径9.8　高台径5.8cm

黒樂茶碗　光悦雨雲写
内箱蓋裏「雨雲黒茶碗　（蔵印）　御写　宗左（花押）」如心斎宗左筆
高さ9.3　口径12.7　高台径5.0cm

赤樂茶碗　銘毘沙門　左入二百之内
共箱蓋表「二百之内　樂左入（印）」左入筆
共箱蓋裏「毘沙門　（花押）」如心斎宗左筆
高さ8.4　口径10.8　高台径4.9cm

赤樂茶碗　銘カイカウ　左入二百之内
共箱蓋表「二百之内　樂左入（印）」左入筆
共箱蓋裏「カイカウ　左（花押）」如心斎宗左筆

高さ7.6　口径11.2　高台径5.0cm

赤樂茶碗　銘桃里
高さ8.6　口径12.5　高台径5.1cm

赤樂茶碗　銘横雲
内箱蓋裏「左入赤　茶碗　横雲　左(花押)」如心斎宗左筆
高さ7.8　口径11.5　高台径5.4cm

兎之絵赤樂茶碗　左入二百之内
共箱蓋表「二百之内　樂左入(印)」左入筆
共箱蓋裏「赤　うさ記の絵　左(花押)」如心斎宗左筆
高さ8.8　口径11.1　高台径5.7cm

赤樂茶碗　銘多福
高さ8.9　口径10.6　高台径6.0cm

白樂茶碗
共箱蓋表「白茶碗　樂左入(印)」左入筆
高さ8.3　口径10.1　高台5.8cm

赤樂梔子水指
共箱蓋表「樂吉左衛門(印)」左入筆
共箱蓋裏「梔子水指　左(花押)」如心斎宗左筆
高さ23.4　口径11.8　胴径15.3cm

飴釉不識水指
高さ16.1　口径17.6　胴径22.0cm

緑釉乱菊手付向付
高さ10.5　径14.6cm

香炉釉二彩木瓜形牡丹文皿
高さ5.4　径15.8cm

緑釉三彩木瓜形牡丹文皿
高さ4.6　径16.3cm

長入　pp. 120 - 131

黒樂茶碗
共箱蓋裏「黒茶碗　樂長入(印)」長入筆
高さ8.5　口径10.5　高台径4.6cm

竹之絵黒樂茶碗
高さ8.6　口径11.3　高台径4.9cm

赤樂茶碗
高さ8.7　口径11.8　高台径4.9cm

若松之絵赤樂茶碗
共箱蓋表「松之繪　赤茶盌　樂長入(印)」長入筆
高さ8.9　口径10.7　高台径5.3cm

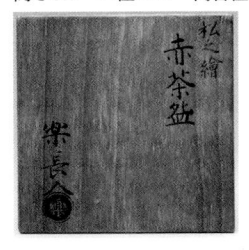

八卦彫文経筒花入
高さ24.1　口径7.7　胴径9.7cm

赤樂馬香炉
共箱蓋表「如心斎好　馬香爐　樂長入(印)」長入筆
高さ18.0　長径13.2cm

緑釉象香合
共箱蓋表「象香合　樂長入(印)」長入筆
共箱蓋裏「普賢　(花押)」長入筆
高さ3.9　長径8.9cm

赤樂猪香合
高さ4.9　長径7.9cm

白樂四方香合
高さ4.9　長径5.8cm

日蓮聖人座像・厨子　樂家蔵
本体＝高さ9.8　底径13.0cm

得入　pp. 132 - 139

黒樂茶碗　銘常盤
内箱蓋裏「得入作　黒茶碗　銘常盤　左(花押)」惺斎宗左筆
高さ7.8　口径10.7　高台径5.1cm

黒樂筒茶碗
高さ9.7　口径8.7　高台径4.4cm

亀之絵黒樂茶碗　銘萬代の友
共箱蓋表「亀之繪　黒茶盌　樂吉左衞門(印)」得入筆
共箱蓋裏「得入作　黒茶碗　亀ノ繪アリ　銘萬代の友　左(花押)」惺斎宗左筆
高さ8.5　口径10.1　高台径4.6cm

赤樂茶碗
高さ8.3　口径10.8　高台径5.1cm
了入極書付

赤樂茶碗
高さ8.4　口径12.6　高台径5.1cm

赤樂筒茶碗
了入極書付
高さ9.7　口径9.2　高台径4.5cm

赤樂菊皿
高さ4.7　口径20.6　高台径10.2cm

了入 pp. 140 - 153

黒樂茶碗　銘巌　個人蔵
内箱蓋裏「吉左衛門作　黒茶碗　いわお　左(花押)」啐啄斎宗左筆
高さ8.3　口径10.1　高台径3.9cm

黒樂茶碗
高さ8.8　口径12.4　高台径5.0cm

立鶴写黒樂茶碗
高さ10.1　口径12.4　高台径5.5cm

赤樂茶碗　古稀七十之内
共箱蓋表「七十之内」了入筆
共箱蓋裏「赤　丙戌　九代(印)」了入筆
高さ7.8　口径9.5　高台径4.1cm

赤樂茶碗　銘姨捨
共箱蓋表「赤茶碗　二百之内　樂吉左衛門(火前印)」了入筆
共箱蓋裏「姨捨　(花押)」啐啄斎宗左筆
高さ9.3　口径11.2　高台径4.8cm

赤樂茶碗
高さ7.1　口径9.9　高台径4.3cm

白樂筒茶碗
共箱蓋裏「黄薬　筒茶碗　樂了入(印)」了入筆
高さ9.1　口径9.6　高台径4.7cm

赤樂一重口水指
共箱蓋表「赤　水指　樂吉左衛門(印)」了入筆
高さ15.4　径15.5cm

赤樂矢筈口水指
共箱蓋裏「矢筈口水指」了入筆
外箱蓋裏「了入作　矢筈口水指　宗室(花押)」淡々斎宗室筆
高さ14.0　胴径17.3cm

香炉釉立鼓花入
高さ19.9　口径12.3　高台径8.8　底部径10.1cm

交趾写雁香合
高さ6.8　長径8.8cm

交趾写亀香合
高さ6.3　長径10.4cm

交趾写四方台牛香合
高さ6.0　長径6.3cm

旦入 pp. 154 - 169

不二之絵黒樂茶碗
共箱蓋裏「不二之絵　黒茶盌　樂吉左衛門(印)」旦入筆

高さ7.9　口径12.3　高台径4.7cm

掛分黒樂茶碗　銘破レ窓
内箱蓋裏「旦入作　カケワケ茶碗　銘破レ窓　左(花押)」碌々斎宗左筆
高さ7.9　口径12.0　高台径5.3cm

萬歳楽之絵黒樂茶碗　銘千秋楽未央
共箱蓋裏「萬歳ノ画　黒茶碗　十代旦入造(隠居印)」旦入筆
外箱蓋裏「旦入作　万歳絵　黒茶碗　銘　千秋楽未央　左(花押)」即中斎宗左筆
高さ8.5　口径11.5　高台径5.0cm

梅鉢文黒樂茶碗
共箱蓋裏「ヲリヘ形　黒茶盌　(拝領印)十代　吉左衛門」旦入筆
高さ7.7　口径12.1　高台径6.4cm

赤樂茶碗　銘秋海棠
内箱蓋裏「旦入作　赤茶碗　銘秋海棠　左(花押)」惺斎宗左筆
高さ11.7　口径8.2　高台径5.3cm

赤樂印尽し茶碗
覚入極書付
高さ8.6　口径10.9　高台径5.3cm

伊羅保写樂茶碗
内箱蓋裏「旦入作　以朝鮮土造トアリ　曾孫　十三代(拝領印)證之」惺入筆
高さ7.5　口径13.7　高台径5.8cm

唐津写樂茶碗
共箱蓋裏「唐津写　茶碗　十代造(拝領印)」旦入筆
高さ7.5　口径12.3　高台径5.0cm

焼貫花入　銘巖松
内箱蓋裏「旦入作　焼貫置花入　巖松ト云　碌々」碌々斎宗左筆
高さ22.5　口径8.6　胴径8.7cm

飴釉捻子貫水指
内箱蓋表「己卯」了々斎宗左筆

内箱蓋裏「祢ち奴き写　左(花押)」了々斎宗左筆
高さ17.3　口径10.6　胴径12.7cm

緑釉金箔鯱香合
高さ10.3　台長径6.6cm

赤樂鶏香合
高さ7.2　胴径8.0cm

赤樂宝船香合
高さ5.0　長径10.5cm

利休座像　樂家蔵
高さ19.5　底径17.6cm

慶入　pp. 170 - 181

黒樂茶碗　銘入舟　個人蔵
共箱蓋表「印尽黒茶碗」慶入筆
共箱蓋裏「銘　入舟(花押)」碌々斎宗左筆
共箱底書付あり
高さ7.9　口径11.5　高台径5.1cm

黒樂茶碗　銘大空
内箱蓋裏「数印　慶入作黒茶碗　銘大空　左(花押)」惺斎宗左筆
外箱蓋表「慶入作　印尽黒茶碗　十二代　吉左衛門(印)證」弘入筆
外箱蓋裏「草樂印　紀州御庭焼用　雲亭印　本願寺拝領印　但廬山焼用　天下一印　常慶年忌用(印)」弘入筆
高さ8.1　口径10.8　高台径5.1cm

掛分黒樂茶碗
共箱蓋裏「飛驒国鹿島山鑛石以焼之　樂慶入(隠居印)」慶入筆
高さ6.8　口径10.4　高台径3.8cm

赤樂茶碗
内箱蓋表「赤茶碗　吉左衛門作　左(花押)」碌々斎宗左筆
高さ7.8　口径10.3　高台径5.1cm

貝貼浮文白樂茶碗　銘潮干
弘入極書付
高さ7.4　口径11.7　高台径4.9cm

粟田焼編笠手茶碗
共箱蓋表「粟田焼刷毛目写茶碗　樂慶入(隠居印)」慶入筆
高さ6.2　口径13.2　高台径3.4cm

露山焼茶碗
共箱蓋表「露山焼茶碗」慶入筆
共箱蓋裏「(雲亭印)十一代慶入」慶入筆

高さ5.8　口径11.8　高台径4.4cm

瓜之絵八角食籠　個人蔵
高さ17.5　径21.6cm

地土釉釣瓶水指
共箱蓋表「釣瓶水指　樂吉左衞門(中印)」慶入筆
高さ20.7　胴径18.4　底径9.7cm

鴛鳥大香炉
高さ38.0　長径50.5cm

尉姥香合
尉：高さ13.9cm　姥：高さ9.9cm

釘隠

弘入　pp. 182 - 191

三日月之絵黒樂茶碗　銘寿賀
共箱蓋表「三ヶ月之絵　黒茶盌」弘入筆　底に「樂吉左衞門(印)」
高さ8.0　口径10.9　高台径4.7cm

黒樂平茶碗　銘漁舟
内箱蓋裏「弘入作　数印　黒平　漁舟　左(花押)」即中斎宗左筆
高さ5.6　口径12.9　高台径6.1cm

赤樂茶碗　家祖年忌
共箱蓋表「赤茶盌　(樂印)(十二代喜長角印)」弘入筆
共箱蓋裏「長次郎三百年忌造之　庚とら秋　十二代吉左衞門(年忌印)喜長」弘入筆

高さ8.3　口径10.2　高台径5.1cm

赤樂茶碗　銘亀背
高さ6.9　口径12.2　高台径4.8cm

赤樂茶碗　銘楓錦
内箱蓋裏「弘入赤　銘　楓錦　左(花押)」即中斎宗左筆
高さ8.0　口径11.9　高台径4.2cm

高砂之絵赤樂茶碗
共箱蓋表「高砂之絵　赤茶盌　樂吉左衞門(八樂印)」弘入筆
共箱蓋裏「我等銀婚式之節造ル　数ノ内　喜長(花押)」弘入筆
高さ8.2　口径10.7　高台径5.0cm

香炉釉祖母懐四方水指
内箱蓋裏「吉左衞門作　傳来　祖母懐水指うつし　左(花押)　辛亥年」惺斎宗左筆
高さ20.7　胴径14.7cm

大津絵汲出茶碗　十客之内
高さ4.9　口径8.1　高台径4.0cm

惺入 pp. 192-201

黒樂茶碗　銘荒磯
内箱蓋裏「惺入作　黒茶碗　荒磯ト号　左(花押)」即中斎宗左筆
高さ7.4　口径11.6　高台径5.0cm

黒樂茶碗　銘若草
内箱蓋裏「惺入作　黒茶碗　銘　若草　左(花押)」即中斎宗左筆
高さ7.8　口径11.9　高台径5.1cm

赤樂茶碗　惣吉造
共箱蓋表「赤茶碗　樂惣吉造(花押)」惺入筆
高さ7.3　口径10.5　高台径4.4cm

宝珠之絵赤樂馬上盃形茶碗
高さ10.7　口径11.2　高台径6.0cm

八景絵象耳花入
高さ33.7　胴径17.6　底径12.3cm

焼貫花入　銘養老
内箱蓋裏「惺入作　伊賀写　耳付花入　銘養老　左」即中斎宗
左筆
高さ23.6　口径10.7　底径13.5cm

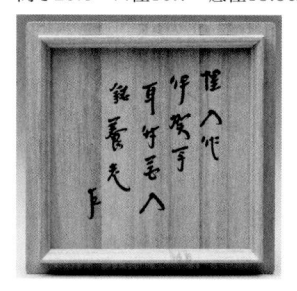

香炉釉糸目耳付水指
高さ18.2　口径12.2　底径11.3cm

布袋香炉
内箱蓋裏「吉左衛門作　布袋　香炉　左(花押)」即中斎宗左筆
高さ25.8　長径21.6cm

覚入 pp. 202-215

黒樂茶碗　銘林鐘
共箱蓋裏「吉左衛門作　黒茶碗　銘　林鐘　左(花押)」即中斎
宗左筆
高さ8.9　口径11.4　高台径5.4cm

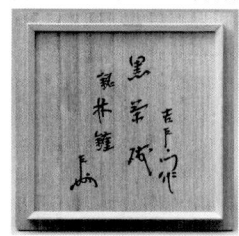

黒樂茶碗　銘無位
高さ9.1　口径11.0　高台径5.2cm

黒樂平茶碗　銘潮騒
内箱書付「覚入作　黒平茶碗　銘　潮騒　左(花押)」而妙斎宗左筆
高さ6.4　口径14.5　高台径6.3cm

富士之絵黒樂茶碗　銘晨明
高さ9.1　口径11.3　高台径5.7cm

富士之絵赤樂茶碗　銘旦明
高さ8.9　口径11.3　高台径5.6cm

富士之絵赤樂茶碗　銘朏明
高さ8.8　口径11.7　高台径5.1cm

白刷毛目赤樂茶碗　銘暁楸
高さ8.7　口径11.2　高台径5.3cm

赤樂茶碗　銘秋の山路
内箱書付「吉左衞門作　赤　銘　秋の山路　左(花押)」即中斎宗左筆
高さ8.4　口径11.5　高台径4.8cm

赤樂茶碗　銘樹映
共箱書付「吉左衞門作　赤　樹映　左(花押)」即中斎宗左筆
高さ9.7　口径11.7　高台径5.6cm

赤樂茶碗　銘連山
内箱書付「覚入造　砂釉　赤茶盌　連山　室(花押)」鵬雲斎宗室筆
高さ9.0　口径11.3　高台径5.5cm

色釉流水文赤樂平茶碗　銘綵衣
高さ5.6　口径13.7　高台径5.8cm

真砂釉栄螺水指
高さ15.2　長径24.5cm

焼貫烏帽子箱形四方水指
高さ16.0　口径15.2　底径15.0cm

翁面
上下17.5　左右15.9cm

| 吉左衞門 | pp. 216 - 231

赤樂茶碗　銘常初花
共箱蓋裏「赤　常初花　吉左衞門造　室(花押)」鵬雲斎宗室筆
高さ9.4　口径10.5　高台径4.8cm　1980年

赤樂茶碗　銘花仙
共箱蓋裏「吉左衞門作　花仙　左(花押)」而妙斎宗左筆
高さ8.7　口径12.9−11.9cm　1983年

焼貫樂茶碗　銘白駱
共箱
高さ10.0　口径11.7−11.1cm　1986年

礫釉樂茶碗　銘雪千片
共箱
高さ9.9　口径12.5−11.9cm　1987年

焼貫黒樂筒茶碗　銘我歌月徘徊
共箱
高さ11.4　口径11.1cm　1990年

焼貫黒樂茶碗　銘砕動風鬼
共箱蓋裏「砕動風鬼　（喜光印）吉左（花押）」吉左衞門筆
高さ9.1　口径15.4－10.8cm　1990年

焼貫黒樂茶碗　銘吹馬
共箱蓋裏「西山日没東山昏　旋風吹馬馬踏雲　（喜光印）吉左（花押）」吉左衞門筆
高さ11.0　口径13.2－10.8cm　1993年

焼貫黒樂茶碗　銘女媧
共箱
高さ10.1　口径13.2－10.0cm　1993年

櫟釉樂茶碗　銘梨花
共箱蓋裏「梨花　左（花押）」而妙斎宗左筆
高さ9.9－9.0　口径11.2－8.6　高台径4.5cm　1998年

黒樂茶碗　銘秋菊
共箱蓋裏「秋菊有佳色　裛露掇其英　汎此忘憂物　遠我遺世情　（喜光印）吉左（花押）」吉左衞門筆
高さ9.5－8.5　口径11.1　高台径6.0－5.5cm　2000年

焼貫黒樂茶碗　銘洿雲に浮かんでⅠ
共箱蓋裏「洿雲は風を涵して谷間を巡る　悠々雲は濃藍の洸気を集めて浮上し　（喜光印）吉左（花押）」吉左衞門筆
高さ10.0　口径16.0－10.3　高台径4.1cm　2003年

焼貫黒樂茶碗　銘巖上に濡洸ありⅢ
共箱蓋裏「巖裂は苔の露路　老いの根を嚙み　（喜光印）吉左（花押）」吉左衞門筆
高さ11.3　口径14.3－9.3　高台径7.0cm　2004年

黒樂茶碗　銘三星在隅
共箱蓋裏「綢繆束薪　三星在天　今夕何夕　見此良人　子兮子兮　如此良人何　（喜光印）吉左（花押）」吉左衞門筆
高さ10.0　口径12.3　高台径6.3cm　2004年

焼貫黒樂茶碗　銘一犁雨
共箱蓋裏「昨夜南山雲　雨到一犁外　泛然尋故瀆　知我理荒薈　泥芹有宿根　一寸嗟獨在　雪芽何時動　（喜光印）吉左（花押）」吉左衞門筆
高さ11.7　口径14.5－9.0　高台径7.0cm　2005年

焼貫茶入
共箱
高さ11.0cm　2009年

焼貫水指
個人蔵
共箱
高さ19.0　長径20.0cm　2005年

篤人　pp. 232 - 237

赤樂茶碗　初造り
2011年　30歳
共箱

黒樂茶碗
共箱
高さ10.0　口径11.0　高台径6.0cm　2012年

黒樂茶碗
共箱
高さ9.0　口径10.0　高台径4.8cm　2012年
底に彫り名「惣吉造」

赤樂茶碗
共箱
高さ8.5　口径10.0　高台径4.5cm　2012年

赤樂茶碗
共箱
高さ8.5　口径13.0　高台径4.5cm　2012年

公益財団法人 樂美術館

樂美術館外観

◎**施設概要**

樂美術館は昭和53年、財団法人樂美術館として開館しました。京都御所の西にあたる上京区の閑静な住宅地の中、樂焼窯元・樂家に隣接して建てられています。640㎡の敷地は、元は樂家の土干し場であったところ、採掘された土をここで乾かし、その後、土小屋で末代まで寝かされ保存します。

鉄筋3階、地下1階の美術館本館と、広間と小間からなる茶室が併設されています。展示室は3室からなり、白木造の展示ケースの内側には障子がはまり茶室の雰囲気を感じさせるように工夫されています。茶室は数寄屋師棟梁・六代平井滋造の施工により、四畳半台目の小間と表千家8代啐啄斎好みの七畳の茶室を基本にした七畳鞘間付きの広間からなります。ここでは毎月館蔵品を使用した茶会(特別鑑賞茶会)を開催しています。

◎**収蔵作品**

収蔵作品は約1200点。そのほとんどは樂家からの寄贈作品で、樂美術館の特色となっています。その内容は、

樂歴代の茶碗を主体とした樂焼陶芸作品、および他の茶道工芸品で、それらはいずれも樂家に伝来した作品です。特に歴代の樂焼作品は、歴代が手本・参考品として残してきたものです。なかには手本・本歌の意味で「本」という墨書を書き込んだ作品もあり、また歴代が後代の参考になるように求めた作品もあります。樂歴代はそれらを見て学び、みずからの制作の糧としてきました。まさに樂美術館には、約430年余にわたる樂焼のエッセンスが詰まっています。

◎美術館事業
年4回の特別展と常設展を行っています。
〈新春展〉樂歴代の作品を中心に、新春に因んだ展覧会が主体となります。
〈春季特別展〉樂歴代とその周辺、本阿弥光悦などの名品、代表作品が一同に並びます。最もアカデミックな樂歴代の展覧会です。
〈夏季展〉夏休みの期間を利用し、小学生にもわかりやすい展示によりさまざまな角度から樂焼を掘り下げます。樂家伝来の粘土や道具にも手に触れることができます。
〈秋季特別展〉樂焼、茶道工芸を主体とした特別展で、さまざまなテーマにそって名品が並びます。
【過去の主な秋季特別展】
「長次郎400年忌記念　長次郎展」「数寄の作陶　光悦から半泥子まで」「光悦と道入」「能と茶の湯と樂茶碗」「香りの造形」「一入展」他歴代、「利写　利休形の造形」「樂と京焼」「京の侘と雅　樂と永樂」など

◎手にふれる美術館構想
その他、樂美術館では「手にふれる美術館構想」を推進しています。茶碗は見ているだけではすべての魅力を味わうことはできません。
創設者である14代覚入は、
「茶碗は手にとってそれで一服飲んでみなければ、その良さはわからない。茶碗は使われるために生まれてきたもの。晴れがましく展示ケースの中でライトをあびている茶碗がかわいそうや。茶碗が『お茶飲みたい、飲みたい』というてるのが聞こえる」と話し、開館早々、「特別鑑賞茶会」を立ち上げ、収蔵作品で茶を飲むことのできる茶会をはじめました。これまで、長次郎黒樂茶碗「面影」、光悦黒樂茶碗「村雨」などを筆頭に、3代道入、4代一入など歴代の茶碗、水指などが実際に使用され、多くの参加者が楽しまれています

◎「手にふれる美術館構想」事業は下記の通りです。
〈特別鑑賞茶会〉
樂美術館収蔵品を使い、4代一入や5代宗入など、350年前から現代まで、歴代の茶碗で一服いただく茶会。当代吉左衛門が亭主を務め、ゆっくりとした時間の中でなごやかに解説、楽しく会話が進みます（開催1ヶ月前から電話予約）。

〈手にふれる樂茶碗鑑賞会〉
樂美術館収蔵の歴代作品を手にふれて鑑賞します。躙口(にじりぐち)を通り、小間席で道具組を拝見ののち、広間茶室で手

にふれて作品を鑑賞いただき、学芸員が解説します。呈茶はありません。
〈親子でお茶一服〉
親子を対象とした茶会です。「特別鑑賞会」同様、歴代の作品で茶が点てられます。年2回、毎年3月3日の雛祭、5月5日の端午の節句の頃に開催します。亭主は当代夫人・樂扶二子が務め、わかりやすく楽しい趣向で行います。

〈夏休み子供ワークショップ〉
当代吉左衛門が、子供を対象にわかりやすく解説・ワークショップを行います。

◎インフォメーションサービス（会員制）
各展覧会ごとの展覧会情報、〈手にふれる樂茶碗鑑賞会〉に出品される作品紹介、特別催しの案内などを郵送でお届けします。会員となられる方は、申込書に記入のうえ、郵送諸費として年5回分相当の切手を頂戴しています。会費は必要ありません。詳しくは樂美術館までお問い合わせください。

◎基本情報
　開館時間　午前10時～午後4時30分
　休館日　毎週月曜日（但し祝祭日は開館）、年末年始
　住所　〒602-0923　京都市上京区油小路通一条下る
　TEL　075-414-0304
　FAX　075-414-0307
　URL　www.raku-yaki.or.jp
　E-Mail　http://www.raku-yaki.or.jp/inquiry/inquiry.cgi　info

公益財団法人 佐川美術館 樂吉左衞門館

佐川美術館 樂吉左衞門館外観

水庭に埋設された地下展示室と茶室、地上は蘆が繁る水面が広がり、広間茶室が蘆叢に囲まれて浮かぶようにたたずんでいます。佐川美術館樂吉左衞門館は「守破離(しゅはり)」をコンセプトに、15代樂吉左衞門自身の設計創案・監修によって建てられました。

収蔵作品は、主に2000年以降に作陶された焼貫黒樂茶碗や黒樂茶碗、焼貫茶入、焼貫水指などで、つねに新しい現在進行形の樂吉左衞門作品をご覧いただけます。

〈樂吉左衞門設計茶室「盤陀庵」「俯仰庵」〉
樂吉左衞門館は、展示室と茶室が一体となったユニークな美術館です。展示室は地下2階、茶室の導入部は地下1階からはじまります。茶室空間への橋がかりである廊下を通り、まず待合い、立礼をかねた鉄刀木の古材、厚い一枚板のテーブルが据えられています。待合いから円形の水露地へ、ジンバブエの石組みと高さ3.7メートルの円形の壁からは水が静かに流れ落ちています。水露地から中潜りを通り内露地、小間「盤陀庵(ばんだあん)」へと進みます。

「盤陀庵」は水没する小間、上方に取られたスリット上の窓から光が水面の反射を映して入り込んできます。「盤陀」は「盤陀石」から採られ、仏陀が座禅をした座禅石、「盤陀庵」は水底に沈んだ「盤陀石」です。小間につづく広間「俯仰庵（ふぎょうあん）」は樂吉左衞門館で唯一の地上階、蘆に囲まれる水の中に浮かぶようにたたずんでいます。床の高さは水庭の水面と可能なかぎり同じレベルを保たれ、どこまでもつづく水面の広がりとその向こうにそびえる奥比叡の借景に魅了されます。
※事前予約制にて「茶室見学」「呈茶(立礼)」「茶会」を実施しています。

◎基本情報
　開館時間　午前9時30分〜午後5時
　休館日　毎週月曜日(祝日にあたる場合はその翌日)、展示替休館、年末年始
　〒524-0102　滋賀県守山市水保町北川2891
　TEL　077-585-7800
　FAX　077-585-7810
　URL　http://www.sagawa-artmuseum.or.jp/cgi-bin/raku/index.html

定本 樂歴代
宗慶・尼焼・光悦・道樂・一元を含む

平成25年4月8日　初版発行

監　修——公益財団法人 樂美術館
著　者——樂　吉左衞門
　　　　　樂　篤人
発行者——納屋嘉人
発行所——株式会社　淡交社
　　　　　本社〒603-8588 京都市北区堀川通鞍馬口上ル
　　　　　　営業 (075) 432-5151
　　　　　　編集 (075) 432-5161
　　　　　支社〒162-0061 東京都新宿区市谷柳町39-1
　　　　　　営業 (03) 5269-7941
　　　　　　編集 (03) 5269-1691
　　　　　http://www.tankosha.co.jp

印刷・製本—日本写真印刷株式会社

©2013　公益財団法人 樂美術館　Printed in Japan
ISBN978-4-473-03862-3

落丁・乱丁本がございましたら、小社「出版営業部」宛にお送りください。
送料小社負担にてお取り替えいたします。
本書の無断複写は、著作権法上での例外を除き、禁じられています。